浙江省哲学社会科学规划课题研究
浙江省传播与文化产业研究中心研究成果

# 以文观文

## ——畲族史诗《高皇歌》的文化内涵研究

### 张　恒　著

浙江工商大学出版社
ZHEJIANG GONGSHANG UNIVERSITY PRESS

**图书在版编目(CIP)数据**

以文观文:畲族史诗《高皇歌》的文化内涵研究 /
张恒著. —杭州:浙江工商大学出版社,2014.11(2017.2 重印)
ISBN 978-7-5178-0732-2

Ⅰ.①以… Ⅱ.①张… Ⅲ.①畲族－民族文化－文化
研究－中国②《高皇歌》－诗歌研究 Ⅳ.①K288.3
②I207.22

中国版本图书馆 CIP 数据核字(2014)第 262582 号

**以文观文——畲族史诗《高皇歌》的文化内涵研究**
张　恒著

| | |
|---|---|
| **责任编辑** | 罗丁瑞 |
| **责任校对** | 丁兴泉 |
| **责任印制** | 包建辉 |
| **出版发行** | 浙江工商大学出版社 |
| | (杭州市教工路 198 号　邮政编码 310012) |
| | (E-mail:zjgsupress@163.com) |
| | (网址:http://www.zjgsupress.com) |
| | 电话:0571-88904980,88831806(传真) |
| **排　　版** | 杭州朝曦图文设计有限公司 |
| **印　　刷** | 虎彩印艺股份有限公司 |
| **开　　本** | 880mm×1230mm　1/32 |
| **印　　张** | 8.75 |
| **字　　数** | 178 千 |
| **版 印 次** | 2014 年 11 月第 1 版　2017 年 2 月第 2 次印刷 |
| **书　　号** | ISBN 978-7-5178-0732-2 |
| **定　　价** | 32.00 元 |

浙江省哲学社会科学重点研究基地

（浙江省传播与文化产业研究中心）

课题成果(编号 14JDCB02YB)

# 序

要想研究一个民族的文化有很多路径，我将其概括为两种：一种是"收敛型"，这种研究方式是将涉及该民族文化的方方面面都汇集起来，最终形成一点；另一种是"发散型"，这种研究方式，是以一种文化现象为支点，由此对相关的文化进行整体研究。本书就采用了这种"发散型"的研究方式，以文观文，由小见大。所谓"以文观文"，前一个"文"指的是文本，后一个"文"指的是文化，本书我们就是从特定的文本出发，去解读独特的民族文化。"一滴水看大千世界"，我们选取了畲族的长篇史诗《高皇歌》这"一滴水"，以此为切入点，去透视和解读这一民族文化中显现出的独特"世界"。

《高皇歌》是畲族标志性的史诗之一，它又称为《盘古歌》《龙皇歌》《盘瓠王歌》，是一首长达三四百句的七言史诗。它以神话的形式，叙述了畲族始祖龙麒立下奇功，以及其不畏艰难繁衍出盘、蓝、雷、钟四姓子孙的传说。从《高皇歌》恢弘的叙事中，我们可以解读出宗教、信仰、民俗等诸多民族文化信息，它是研究畲族文化的"活化石"。

在这个"活化石"中，我们看到了这个民族曾经的集体记忆。这个记忆中显现出的畲文化，多元而复杂，他们既有对龙麒的崇拜，又有对凤凰的崇拜；他们既对汉人存在一定的排斥，又对汉文化存有相当的依赖；他们虽然深受汉文化的影响，却又顽强地保持着本族文化的自立。这种文化存在的复合性，使我们不得不去思考其形成的复杂性。其实，汉族也好，畲族也罢，任何一个民族或族群的形成都不是孤立的，它的发展和演化会受到诸多错综复杂的社会、环境以及民族关系的影响，一个民族就是在这种动态的融合与分化中不断地演化和变迁的。我们之所以关注一个民族的宗教、礼仪以及生活习俗，是因为这些非物质的文化遗产中有一个民族集体记忆的印迹。随着时间的流逝，一个民族集体记忆的大部分都会被遗忘在历史的尘土之中，残存到如今，我们所能见到的是少之又少，我们就是试图从这些记忆的碎片中去寻找，去发现一些来自远古的信息。

《高皇歌》作为一个能表征畲族传统文化的丰富文本，我们对其所承载的巨大的文化信息，以及其文本本身延伸出的意义，我们都应予以足够的重视。一滴水看一世界，笔者试图通过《高皇歌》这"一滴水"，去看畲族文化的五彩斑斓，并从中进一步探寻畲族文化的根源和发展脉络。

# 目  录
## CONTENTS

# 引言：《高皇歌》与畲族

畲族属于古苗瑶语族的一支，与苗族，瑶族同源，是散居在我国东南部的少数民族之一，不过他们现在多数与汉族杂居。畲族源于广东潮州凤凰山，元、明、清时期，他们从原住地陆续迁徙至闽东、浙南、赣东、皖东南等地山区半山区。畲民现在仍以蓝、雷、钟为主要姓氏，他们总人口约为七十万人（根据 2000 年我国第五次人口普查统计数据），现主要分布在闽、浙、赣、粤、黔、皖、湘七省 80 余县市，其中90％以上居住在福建、浙江的广大山区之中。

畲族是一个古老的民族，他们在漫长的历史发展过程中创造了许多优秀的民族文化，山歌就是畲族文化的重要形式，他们每逢佳节喜庆之日，以歌传情，以歌会友，即使在日常山间田野劳动，探亲访友迎宾之时，也常以歌对话。畲民流传下来的山歌约有千余篇，四五万行。在长篇叙事诗歌中，最耳熟能详的就是畲族史诗巨作《高皇歌》。

《高皇歌》又称《盘古歌》《龙皇歌》《盘瓠王歌》，是一首长达三四百句的七言史诗。它作为畲族的民族文化符号与文化表征的史诗，在畲族文化传承中的地位举足轻重。《高皇歌》以神话的形式，叙述了畲族始祖盘瓠立下奇功，以及其不畏艰难繁衍出盘、蓝、雷、钟四姓子孙的传说。从全诗的整体结构看，《高皇歌》大致可分为"简述上古文明史""讲述先祖丰功伟绩""盘蓝雷钟四姓的来历""先祖归隐创业的经历""族人迁徙的历程及对子孙的告诫"等五个部分。

通过《高皇歌》，我们不仅可以看到畲族文化的特色，而且还可以从中探寻到其文化传承的历史渊源。《高皇歌》唱道："凤凰山上去开基，作山打铣都由其"，"凤凰山上安祖坟，荫出盘蓝雷子孙"，都可见其发祥地应在广东潮州的凤凰山。歌里还提到了一些主要的迁徙路线，"走落福建去作田，亦何田地亦何山"，"古田罗源侬连江，都是山哈好住场"，"乃因官差难做食，思量再搬掌浙江"。这些与史料上畲人迁徙的记载基本一致，他们从广东潮州及周边开始，经闽西南至闽东北，沿途经晋江、福州、闽侯、连江、罗源，而后进入闽东的宁德、福安、霞浦、福鼎，部分畲人继续向浙南方向迁徙，到达温州和丽水各地，之后扩散到其他地方，形成了"大分散，小集聚"的分布格局。

畲族有本民族的语言，但没有本民族的文字，所以他们在文化传播中往往采用口口相传的方式，这也是《高皇歌》在流传过程中形成多个版本的原因之一。《高皇歌》具有口头传播的特色，它在传播中产生了不同的版本，因此，《高皇歌》实际上是一个系统，是一个类型的文本，而非唯一的文本。目前在粤、闽、浙、赣、皖、湘六省能收集到的《高皇歌》共有9首，分别是广东凤凰山区2首、福建省2首、浙江省1首、江西省2首、安徽省1首、湖南省1首。所以笔者认为，那些讲述畲族起源的史诗性文字，都可以纳入《高皇歌》的系统中来。从这些不同版本的文本中，我们可以窥视到畲族文化自身传承发展中的变化，同时它的演化又与汉文化的传播和影响是密不可分的。一个民族文化不是一成不变的，它是一个动态呈现的过程，所以我们当下所能见到的文化，是一个族群漫长融合和演化的产物。因而，我们所说的民族特色，其实是融合演化中还能呈现出来的"那一点"与众不同，从这个意义上说，没有一个民族的文化是纯净物，它们都是混合物。

此外，我们还特别指出，本书所征引的《高皇歌》主要采用浙江省民族事务委员会编写，由中国广播电视出版社于1992年4月出版发行的版本。书中如没有特别说明，指的都是这一版本，其他版本的《高皇歌》我们也收集了一些，一并附在本书的附录中，我们希望通过不同版本的比较，能够对大家的研究有所启发。

**第一章**

# 文化源流

## ——龙麒是个开基人

# 第一节　创世之前的谱系

　　《高皇歌》又称《盘古歌》《龙皇歌》《盘瓠王歌》,是一首长达三四百句的七言史诗。它以神话的形式,叙述了畲族始祖龙麒立下奇功,并不畏艰难繁衍出盘、蓝、雷、钟四姓子孙的传说。从全诗的整体结构上看,它的前半部分,从盘古开天地到龙麒平番是一连串对本族历史和神话的宏大叙事。这样宏大叙事的表达,凸显了一种自我确认的民族心理。《高皇歌》以"盘古开天"为叙述的起点,体现了畲族历史传承的源远流长;把本民族的起源与象征最高权力的高辛帝联系在一起,体现了族群在对自身起源的界定上掺杂着对祖先乐观的肯定。从《高皇歌》中的盘古到三皇五帝,我们可以看到龙麒创世神话之前的谱系。

## 一、盘古形象之意蕴

　　盘古是中国古代传说中开天辟地的巨人神,也是中华民族历史文化伟大开端的一个不朽的象征。但是关于盘古的文字记载在我国古籍中出现的时间非常晚,在目前所见的先秦典籍著述没有相关记载。《山海经》是先秦记录神话传说最重要的古籍之一,《山海经》中有夸父、女娲、精卫、大禹、共工等带有创世色彩的人物的记载,但没有盘古的记载。在之后的秦代至东汉中叶的著述中,我们也没有发现关于盘古的文字记载。目前我们所能见到的最早关于盘古传说的记载,是在三国时代吴国人徐整①所著的《三五历纪》和《五运历年记》中,遗憾的是这两本书都已经失传,仅部分段落存于后来的《太平御览》《艺文类聚》等类书之中,也就是说,我们目前所能见到的关于盘古最早的文字记载,也是转引的文字,并非第一手的文字材料。在三国以后,记录盘古史籍文献有很多,尤其是盘古经过道教的传播,成为道教的始祖,以致后来成为中华民族开天辟地、创造世界的神话人物。我们通过古文献中关于盘古的文字记载,可以发现这种变化。

### (一)唐代的《艺文类聚》②卷一引《三五历纪》:

天地浑沌如鸡子,盘古生其中。万八千岁,天地开辟,阳清为天,阴浊为地,盘古在其中。一日九变,神于天,圣于地。天日高一丈,地日厚一丈,盘古日长一丈。如此万八千岁。天数极高,地数极深,盘古极长。后乃有三皇。数起于一,立于三,成于五,盛于七,处于九,故天去地九万里。

---

① 徐整:三国时东吴的太常卿,著有《三五历记》(又作《三五历》)及《五远历年纪》,为目前所知记载盘古开天传说的最早著作。两书均已佚失,仅部分段落存于后来的《太平御览》《艺文类聚》等类书之中。

② 《艺文类聚》是唐代开国初年,由高祖李渊下令编修的,欧阳询主编,参与其事的还有裴矩、陈树达等人,武德七年(公元 624 年)成书。

## (二)明代《广博物志》①卷九引《五运历年记》：

盘古之君，龙首蛇身，嘘为风雨，吹为雷电，开目为昼，闭目为夜。死后骨节为山林，肠为江海，血为淮渎，毛发为草木。

## (三)清代《绎史》②卷一引《五运历年记》：

元气濛鸿，萌芽兹始，遂分天地，肇立乾坤，启阴感阳，分布元气，乃孕中和，是为人也。首生盘古，垂死化身；气成风云，声为雷霆，左眼为日，右眼为月，四肢五体为四极五岳，血液为江河，筋脉为地里，肌肉为田土，发髭为星辰，皮毛为草木，齿骨为金石，精髓为珠玉，汗流为雨泽，身之诸虫，因风所感，化为黎甿。

## (四)晋代《元始上真众仙记》③：

昔二仪未分，溟涬濛鸿，未有成形，天地日月未具，状如鸡子，混沌玄黄，已有盘古真人，天地之精，自号元始天王，游乎其中。复经四劫，天形如巨盖，上无所系，下无所依，天地之外，辽属无端，玄玄太空，无响无声，元气浩浩，如水之形，下无山

---

① 《广博物志》：为明代董斯张编撰的类书。

② 《绎史》：为清代历史学家马骕编纂，共160卷，为传说时代至秦朝末年之史。

③ 《元始上真众仙记》：为晋代葛洪所撰，又名《枕中书》《枕中记》。

岳，上无列星，积气坚刚，大柔服维，天地浮其中，
展转无方，若无此气，天地不生。天者，如龙旋回
云中，复经四劫，二仪始分，相去三万六千里，崖石
出血成水，水生元虫，元虫生滨牵，滨牵生刚须，刚
须生龙。元始天王在天中心之上，名曰玉京山，山
中宫殿并金玉饰之，常仰吸天气，俯饮地泉，复经
二劫，忽生太元玉女，在石洞积血之中，出而能言，
人形具足，天姿绝妙，常游厚地之间，仰吸天元，号
曰太元圣母，元始君下游见之，乃与通气结精，招
还上宫。当此之时，二气絪缊，覆载气息，阴阳调
和，无热无寒，天得一以清，地得一以宁，并不复呼
吸，宣气合会，柑成自然饱满。大道之兴，莫过于
此，结积坚固，是以不朽。金玉珠者，天地之精也，
服之能与天地相毕。

## （五）南朝《述异记》①：

昔盘古氏之死也，头为四岳，目为日月，脂膏
为江海，毛发为草木。秦汉间俗说：盘古氏头为东
岳，腹为中岳，左臂为南岳，右臂为北岳，足为西
岳。先儒说：盘古氏泣为江河，气为风，声为雷，目
瞳为电。古说：盘古氏喜为晴，怒为阴。吴楚间

① 《述异记》：为南北朝时梁人任昉编写的小说集。现存《述异
记》，或为他人托名任昉的一部书。《四库全书总目提要》云："旧本题梁
任昉撰，其中有北齐武成、河清年事。盖亦如张华《博物志》合而成，半真
半伪之书也。"

说：盘古氏夫妻，阴阳之始也。今南海有盘古氏墓，亘三百里，俗云：后人追葬盘古之魂也。桂林有盘古祠，今人祝祀。南海中盘古国，今人皆以盘古为姓。昉按：盘古氏，天地万物之祖也，而生物始于盘古。

## （六）元代《历世真仙体道通鉴》[①]：

元者，本也。始者，初也，先天之气也。此气化为开辟世界之人，即为盘古；化为主持天界之祖；即为元始。

## （七）明代《开辟衍绎通俗志传》[②]：

盘古将身一伸，天即渐高，地便坠下。而天地更有相连者，左手执凿，右手持斧，或用斧劈，或以凿开。自是神力，久而天地乃分。二气升降，清者上为天，浊者下为地，自是混沌开矣。

从以上文字，我们可以看出，盘古的形象从开始的混沌模糊，到后来逐渐清晰的演变过程。但是关于盘古的起源，学术界至今众说纷纭，主要的观点有中原说、南方说、西来说和苗蛮说。

---

① 《历世真仙体道通鉴》：元代赵道一修撰，是道教神仙传记。
② 《开辟衍绎通俗志传》：明代周游编撰。所记始于传说中盘古氏开天辟地，历三皇五帝，夏商诸代，至周武王伐纣灭商而止，是一部历史演义小说。

（一）中原说。以闻一多、顾颉刚、王晖等为代表。主要是从史籍记载的伏羲、女娲和盘古的形象、神话的内容以及训诂等考究，认为是伏羲、女娲神话在先，而后演变为盘古神话。其他的依据是：目前河南省桐柏县以及相邻的泌阳县内，有不少的盘古文化遗存，包括盘古山、盘古庙、盘古碑、盘古井以及每年农历三月初三举行盛大的盘古庙会。他们认为徐整的《五运历年记》中的盘古神话取材于中原的桐柏。

（二）南方说。以茅盾和袁珂先生为代表。他们认为如果盘古是北部和中部本有的神话，则秦汉之书不应毫无说及，而徐整是吴人，神话极有可能是南方传播到东南的吴国，由徐整记载下来。同时他们还依据任昉《述异记》中提到的其他地方有盘古地名、祭祀盘古的庙宇及活动等来佐证这种说法。

（三）西来说。持这一说法者，主要的根据是：印度是世界上神话故事的重要发源地，佛教《吠陀经》，尤其是《厄泰黎雅伏婆尼沙坛》记载的有关梵天（Brahma）的宇宙化生情节，与盘古神话颇为相似，中国自古以来就与印度民族有文化交流。印度佛教早在东汉时期已传入中国，而盘古神话的两大母题"卵生神话"和"尸体化生"在印度《吠陀》神歌中都可找到。

（四）苗蛮说。以苏时学、夏曾佑等学者为代表。认为盘古神话源于苗瑶民族或由盘瓠神话衍化而来，他们依据《后汉书·南蛮列传》记载的盘瓠传说，认为盘瓠为苗蛮之祖，而盘古与盘瓠音近，苏时学在其《瑶山笔话》中认为"盘古乃盘瓠之音转"。

从以上这些说法中，我们可以看出，几种学说都是从文本出发,因为缺乏直接的历史物证,所以都只能是假说,比如"南方说"的一种观点认为盘古起源于壮族的传说,有学者甚至对任昉的《述异记》中的地理位置进行了实地考证,而且还从目前壮族遗留的习俗、民歌中寻求证据。其实这也只能说明盘古神话与该民族存在一定文化渊源,但说明不了盘古形象的最初起源。盘古神话诞生的历史环境我们已经不可复原了,而我们目前从文本出发的研究和追溯注定只是一种猜想,如果我们执着于此,只会陷入文本与文本互为证明或者互相矛盾的泥潭。追溯只是我们研究的一种路径,而非终极目标,我们考察盘古神话的根源,依据的只是文本,所以只能对文本本身进行解读。因而我们能做的只是通过盘古这个"点",对不同时期诸多文本进行解读,由此去透视中国文化的"面",以及由这个"面"中折射出的独特的"中国式"的思维方式。

## (一)体现了"太极"思想

从诸多对盘古神话的文字描述中,我们可以看出中国古代以太极为本体的阴阳思想体系。《易传·系辞上》里说:"易有太极,是生两仪,两仪生四象,四象生八卦。"古人认为一切变化都起于太极,现实生活中我们经常说太大、太小,太高、太低,太热、太冷等等词汇,其中的"太",代表了一种超乎想象的无限的绝对,因此,太极本无极,王夫之说:"无极,无有一极也,无有不极也。有一极,则有不极矣;无极而太极,无有不极,乃谓太极,故君子无所不用其极。"[①]这

---

①　(清)王夫之:《船山思问录》。

与周敦颐①的"无极而太极"的思想是一脉相承的,所以"无极"是自然万物中无一是"极",也无一不是"极"的状态。这又与老子的"道"有异曲同工之妙,老子说:"道生一,一生二,二生三,三生万物。万物负阴而抱阳,冲气以为和。"(《道德经》第四十二章)"道生一"就是无极生太极,"一生二"就是太极生两仪。"天下万物生于有,有生于无。"这里的"生"笔者认为不应该理解为"变",而要理解为"化",这两者的区别在于,"变"的结果是一个事物成了另外的事物,而"化"的结果是虽然发生了变化,但还是一个事物,它的实质没有发生变化,只是显现的表象不同而已。所以,"道"也是"一","一"无非是"道"的表象;"一"也就是"有"和"无","有"和"无"无非是"一"的表象。所以,太极是无极的表象,阴阳是太极的表象。太极,大可以代表宇宙,小可以代表个体,天地是个大太极,个体是个小太极。由一阴一阳构成的太极,代表的是一个无限时空的全部,作为一个无限的范畴,不论是道,还是太极,实际上想表达的都是同一个东西。这个东西是我们可以感受,但又无法言说的东西,所谓"道可道,非常道"。古人明白其中之玄妙,所以只是用"混沌"之类的词来描述它而不去定义它。盘古神话中"天地混沌如鸡子"(《三五历纪》),"元气濛鸿,萌芽兹始"(《五运历年记》),"昔二仪未分,溟涬濛鸿,未有成形,天地日月未具,状如鸡子,混沌玄黄"(《元始上真众仙记》),体现的都是太极的思想,古人把"混沌"比喻成"鸡子(蛋)",在形象上与太极

① 周敦颐:字茂叔,号濂溪,北宋著名哲学家,作《太极图说》、《通书》等,是理学派的开山鼻祖。

的"阴阳鱼"有神似之处。"鸡子"由蛋清和蛋黄而成,这两者一清一浊,相互融合,互为表里,构成一体。而构成太极图黑白二色的"阴阳鱼",形状对称,头尾相接。其中白色的鱼象征着阳性和动态,代表天或白天;黑色的鱼象征阴性和静态,代表地或黑夜。"阴阳鱼"的两个"鱼眼"分别象征着太阳和月亮,整个"太极图"所表示的,就是天地两部,阴阳两分,白天和黑夜交替运行,白中黑点表示阳中有阴,黑中白点表示阴中有阳,阴阳双方互相转化。"鸡子"与"阴阳鱼"最终都构成了一个"混沌"的"圆",也就是太极的图形。此外,由太极思想还进一步发展出了"阴阳"思想,它对我国文化也产生了非常深远的影响。

### (二)体现了"阴阳"思想

在盘古起源的描述中,我们还可以看出中国阴阳思维模式之下的宇宙观,"天地开辟,阳清为天,阴浊为地"(《三五历纪》),"二气升降,清者上为天,浊者下为地,自是混沌开矣"(《开辟衍绎通俗志传》),"二气绸缪,覆载气息,阴阳调和,无热无寒,天得一以清,地得一以宁"(《元始上真众仙记》),天地由阴阳交感化合而成,阴阳由太极而生,所以它也囊括了太极的一切内涵。自然万物的运动与变化皆来自阴阳两种力量,天地乾坤、日月运行、寒暑易节、生老病死,"太极动而生阳,动极而静;静而生阴,静极复动。一动一静,互为其根。分阴分阳,两仪立焉。"[①]太极生两仪,两仪也就是太极的两种表现或两个方面,即一阴一阳,而一阴一阳

---

① (北宋)周敦颐:《太极图说》。

构成的太极又代表着宇宙万物。宇宙万物阴阳相生，无中生有，有中生无，物极必反，否极泰来，这个对立相生及转化的思想，构成了中国哲学的核心。实际上，太极也好，阴阳也罢，它们的本质是相同的，太极是无法言说的抽象，而阴阳是可以感受的具象。

### （三）体现了"天人合一"思想

阴阳思想实际上也是我国文化中"天人合一"思想的具体体现，在中国思想史上，"天人合一"是一个基本的信念。它有两层意思：

第一层意思是：天人一致。人身一小天地，天地一大人身，比如《黄帝内经》中说："天圆地方，人头圆足方以应之。天有日月，人有两目。地有九州，人有九窍。天有风雨，人有喜怒。天有雷电，人有音声。天有四时，人有四肢。天有五音，人有五藏。天有六律，人有六府。天有冬夏，人有寒热。天有十日，人有手十指。辰有十二，人有足十指、茎、垂以应之；女子不足二节，以抱人形。天有阴阳，人有夫妻。岁有三百六十五日，人有三百六十节。地有高山，人有肩膝。地有深谷，人有腋腘。地有十二经水，人有十二经脉。地有泉脉，人有卫气。地有草蒉，人有毫毛。天有昼夜，人有卧起。天有列星，人有牙齿。地有小山，人有小节。地有山石，人有高骨。地有林木，人有募筋。地有聚邑，人有䐃肉。岁有十二月，人有十二节。地有四时不生草，人有无子。此人与天地相应者也。"①到了汉代，董仲舒对天人对应之说论述最为详

---

① 《黄帝内经·灵枢·邪客》。

尽,他认为天人相应的根本原因在于:人是由天所派生的,因为天就是人的曾祖父,所以人与天不可避免地具有血缘。"于其可数也,副数;不可数者,副类。皆当同而副天,一也。"①董仲舒称这为"人副天数",人与天在形体与数量上都是相符的,这是上天的精心安排,是天意的体现。

第二层意思是:天人相通。人和自然在本质上是相通的,故一切人事均应顺乎自然。老子说:"人法地,地法天,天法道,道法自然。"②即表明人与自然相通,并有着共同的规律性。孟子也认为天人是相通的,"尽其心者,知其性也。知其性,则知天矣"。③ 在天人关系中,他主张天人之间的和谐、均衡与统一。

而盘古神话中,"垂死化身"的情节就是"天人合一"思想的体现。盘古"死后骨节为山林,肠为江海,血为淮渎,毛发为草木。"(《五运历年记》)"昔盘古氏之死也,头为四岳,目为日月,脂膏为江海,毛发为草木。"(《述异记》)这些描述均可见盘古死后化身为宇宙万物,它与"人副天数""天人一致"的思想有着相同的文化根源。

## 二、三皇五帝的传承

盘古开天以后,三皇五帝完成了创世的任务。我们现在熟悉的"皇帝"一词,最初就是对"三皇五帝"的统称。

---

① 《春秋繁露·人副天数》,第五六章。

② 《道德经》,第二五章。

③ 出自《孟子·尽心上》。

"皇"与"帝"它们两者分别为两个称号,意思并不相同。《说文》说:"皇,大也。从自。自始也。始皇者,三皇大君也。""帝,王天下之号也。"《太平御览》说:"皇者,大也,言其煌煌盛美。帝者,德象天地,言其能行天下,号曰:'皇帝道。'举措审谛,父天母地,为天下主。"①"皇"有光明之意,象征天,"帝"为"生物之主,兴益之宗"②,象征地。因而,古人所谓皇帝亦有天地万物之象征。秦朝之前,"皇"和"帝"并不同时用于一个人身上,中国的最高统治者单称"皇"或"帝"或"王"。嬴政平定天下后要想彰显自己建立了亘古未有的功业,所以要改变"王"的称号。经李斯等人商议,认为上古有天皇、地皇、泰皇,其中泰皇最尊贵,可改"王"为"泰皇"。而嬴政认为自己"德兼三皇,功高五帝",决定兼采"帝"号,首次将"皇"和"帝"这两个称呼结合起来作为自己的称号。自此,"皇帝"一词正式成为中国古代王朝最高统治者的专称。

三皇五帝之称最初见于《周礼》中"掌三皇五帝之书③,"但没有确指是谁,古代文献的说法也是莫衷一是。

首先,我们所谓"三皇"通常是指燧人、伏羲、神农或者天皇、地皇、人(泰)皇。关于三皇之说或许只是神话传说,或许是远古时期为人类做过特别重大贡献的部落群体和首领,没有确切的定论。《史记》中李斯之所以说:"古有天皇,有地皇,有泰皇,泰皇最贵。"是因为李斯等人认为天皇、地皇都是传说中的神祇,唯有"泰皇"是现实社会的真实统治

---

① 《太平御览》卷七六,引应劭《汉官仪》。

② 王弼注《易·益》:"王用享于帝,吉。"

③ (西周)姬旦:《周礼·春官·外史》。

者,所以泰皇最为尊贵,这里所谓的"泰皇"指的就是"人皇"。虽然司马迁在《史记》中提到了"三皇",但是《史记》的开篇却不是以"三皇本纪"开始,而是从"五帝本纪"开始记述,这反映了他"亦欲以究天人之际,通古今之变,成一家之言"①的严谨的治学态度和唯物主义史学观,司马迁这种以客观史实出发去总结历史经验教训的创作思想,贯穿了整部《史记》。在司马迁看来,《史记》记述的是正史,他给"五帝"立传就是对他们历史存在的肯定。他说:"学者多称五帝,尚矣。然《尚书》独载尧以来;而百家言黄帝,其文不雅驯,荐绅先生难言之。"司马迁认为五帝年代虽然久远,但他从自己游历采风中感受到,那些与古文经籍记载相符的说法,是比较接近事实的。所以司马迁说:"予观《春秋》《国语》,其发明《五帝德》《帝系姓》章矣,顾弟弗深考,其所表见皆不虚。《书》缺有间矣,其轶乃时时见于他说。非好学深思,心知其意,固难为浅见寡闻道也。"②从中我们不难看出司马迁的观点,他认为《尚书》《春秋》《国语》中关于"五帝"的记述"皆不虚",而"三皇"在他看来或许只是神话传说,因而他不想以此误导后人,故未将其作为正史进行记录。关于"三皇"的具体所指,各类古籍中名号不一,组合也不同,主要有如下几种说法:

(1)天皇、地皇、泰皇。西汉司马迁《史记·秦始皇本纪》:"古有天皇,有地皇,有泰皇,泰皇最贵。"

(2)天皇、地皇、人皇。《太平御览》引《春秋纬》:"天皇,

---

① （西汉）司马迁:《报任少卿书》。

② （西汉）司马迁:《史记·五帝本纪》。

地皇，人皇，兄弟九人，分为九州，长天下也。"

（3）燧人、伏羲、神农。《尚书大传》认同此说，"燧人为遂皇，伏羲为戏皇，神农为农皇也。"①《含文嘉》亦同此说，"伏戏、燧人、神农。伏者，别也、变也。戏者，献也，法也。"②但这里燧人居中。汉班固《白虎通义·号》："三皇者，何谓也？谓伏羲、神农、燧人也。"这里燧人居末。

（4）伏羲、女娲、神农。唐朝司马贞写的《三皇本纪》中有此一说。东汉《风俗通义》中说："伏羲、女娲、神农，是三皇也。"③

（5）伏羲、祝融、神农。东汉《风俗通义》的《皇霸·三皇》篇中说："伏羲、祝融、神农。"④《白虎通义·号》引《礼》："伏羲、神农、祝融，三皇也。"这里以祝融居末。

（6）伏羲、神农、共工。宋代刘恕《通鉴外记》有此一说。

（7）伏羲、神农、黄帝。东汉皇甫谧在《帝王世纪》里第一次对黄帝以前帝王世系进行了研究，排出了三皇时期的帝王世系，其次序是：太昊帝庖牺氏，亦称伏羲氏、黄熊氏。女娲氏、大庭氏、柏皇氏、中央氏、栗陆氏、骊连氏、赫胥氏、尊卢氏、浑混氏、昊英氏、有巢氏、朱襄氏、葛天氏、阴康氏、无怀氏十五世，都因沿袭庖牺制度，所以虽为皇而不自为一代；炎帝神农氏，又号魁隗氏、连山氏、列山氏，也有八世；黄

---

① 《绎史》和《风俗通义》都有引《尚书大传》。《尚书大传》是对《尚书》的解释性著作，作者和成书时间均无法完全确定。目前只有后人辑本传世，以皮锡瑞本最佳。

② （东汉）应劭：《风俗通义·皇霸》，引《含文嘉》。

③ （东汉）应劭：《风俗通义·皇霸》，引《春秋纬·运斗枢》。

④ （东汉）应劭：《风俗通义·皇霸》，引《礼·号谥记》。

帝有熊氏,亦号帝鸿氏、归藏氏、轩辕氏。宋代《三字经》:"自羲农,至黄帝。号三皇,居上世。"也认同此法。这说法由于《尚书》的影响力而得到推广。

从以上几种说法中,我们大致可以看出三皇系统的两种类型,(1)—(2)种说法属于"儒家说",天皇、地皇、人皇是儒家经典"天地人"理论所构成的。(3)—(7)种说法属于"诸子说",其特点是试图把古代传说与当时一些夷狄部族的实况相糅合,重构三皇历史来对自身起源的理论进行解释。这一系统中的燧人、伏羲、神农、女娲等都是华夏民族发展中的英雄人物。除此之外道教中又将三皇分初、中、后三组:初三皇具人形;中三皇则人面蛇身或龙身;后三皇中的后天王皇人首蛇身,即伏羲,后地皇人首蛇身,即女娲,后人皇牛首人身,即神农。这是把"儒家说"和"诸子说"又进行了融合。

在古代,不仅三皇存在多种说法,五帝也同样有多种说法:

(1)《史记·五帝本纪》《大戴礼记》《礼记》《春秋国语》中的说法:黄帝、颛顼、帝喾、尧、舜。

(2)《战国策》中的说法:庖牺、神农、黄帝、尧、舜。

(3)《吕氏春秋》《礼记·月令》《淮南子》中的的说法:太昊、炎帝、黄帝、少昊、颛顼。

(4)《资治通鉴外纪》中的说法:黄帝、少昊、颛顼、帝喾、尧。

(5)《尚书·序》和《白虎通义》中的说法:少昊、颛顼、帝喾、尧、舜。因《尚书》在经书中的地位,以后史籍皆承用此说。

根据古籍中对三皇五帝的描述,我们对他们的传承关系进行了梳理。(见表1)。

**表1　三皇五帝承袭关系表**

| 年代 | 称谓 | 其他称谓 | 族源关系 |
|---|---|---|---|
| 三皇时期 | 青帝伏羲 | 又称宓羲、庖牺、包牺、牺皇、皇羲、太昊、苍牙等 | 华胥氏之子、少典之父、炎帝和黄帝之祖父 |
| | 炎帝神农 | 又称赤帝,烈山氏,伊耆,姓姜 | 伏羲之孙,少典之子 |
| | 黄帝轩辕 | 本姓公孙,后改姓姬,亦称有熊氏,缙云氏,帝鸿氏,帝轩氏 | 伏羲之孙,少典之子 |
| 五帝时期 | 白帝少昊 | 又称朱帝,也作少皞、少皓、少颢,又称青阳氏、金天氏、穷桑氏、云阳氏,或称朱宣,姓己,名挚,又名玄嚣 | 黄帝长子 |
| | 玄帝颛顼 | 又称黑帝,号高阳氏 | 少昊之侄,昌意之子,黄帝之孙 |
| | 帝喾 | 名姬夋,号高辛氏 | 颛顼之侄,蟜极之长子,少昊之孙,黄帝的曾孙,是商族的第一位先公 |
| | 帝挚(未列入五帝) | 号青阳氏 | 帝喾长子 |
| | 帝尧 | 姓伊祁,名放勋,史称唐尧 | 帝挚之弟,帝喾次子 |
| | 帝舜 | 名重华,字都君,号有虞氏 | 颛顼六世孙,瞽叟长子 |

从三皇五帝传承关系表中,我们可以看出:(1)三皇五帝具有血脉的传承关系,这一传承的特点有:其一是以伏羲为起点的传袭;其二是伏羲和黄帝的直系传承关系。虽然上古时代采用禅让制,但从帝王的关系中,我们还是可以发现三皇五帝之间千丝万缕的血缘关系,尤其是少昊、颛顼、帝喾,他们都是黄帝一支直系传承。这也是为何我们会将伏羲和黄帝当作华夏人文始祖的原因。(2)帝挚虽然是帝喾和帝尧之间承前启后的帝王,但他却未在五帝之列,三皇五帝被认为圣贤,而帝挚治国不善,这或许是他被排除在五帝之外的重要因素。据司马迁《史记》记载:"帝喾崩,而挚代立。帝挚立,不善,而帝放勋立,是为帝尧。"清人马骕在其《绎史》卷八《高辛纪》引《纲目前编》里说:"挚荒淫无度,诸侯废之,而推尊尧为天子。"马骕还在其后加按语云:"按:帝挚或崩,或禅,或废,诸说各不同也。"(3)三皇五帝传承关系的模式并不统一,"三皇"和"五帝"中的人物会进行互换,比如黄帝在不同的排序体系中,其位置也非固定。

作为夏之前传说中的"帝王",三皇五帝在诸多的古文献中的说法并不统一,而且由于年代久远,史书之间互为引用,甚至以讹传讹,造成了认识上的混乱。东汉王符就说:"世传三皇五帝,多以为伏羲、神农为二皇,其一者或曰燧人,或曰祝融,或曰女娲,其是与非未可知也。"[①]可见早在东汉,学者对三皇五帝的说法就有分歧。现在又有学者认为,像炎帝神农氏这样的称谓本身就存在问题,他们认为像有

---

① 　(东汉)王符:《潜夫论·五德志》。

巢、燧人、伏羲、神农等属于时代名称,而像黄帝、炎帝、蚩尤、颛顼等则属于人物名称。

三皇五帝具体所指现在都已无从考证了,但基本上,无论是史书的记载,还是神话传说,都认为三皇所处的年代早于五帝的年代。三皇时代距今在四五千年至七八千年以前,或者更为久远,而五帝时代则距夏朝不远,约在四千多年前。笔者认为,首先"三皇五帝"的名号非具体的历史人名,而是蒙昧时期根据不同历史特点而划分的时代名称,《礼记·曲礼·正义》引谯周所言"伏羲以次有三姓,始至女娲,女娲之后五十姓至神农,神农至炎帝一百三十三姓。""神农至炎帝一百三十三姓",这些名号代表着人类历史发展中一个原始部落或氏族,它是史前各个不同历史文化阶段的象征。其次,"三皇五帝"中的人物主要来自不同的部族群体,夏王朝建立前,中华大地上主要有四大部落群体:一是西部和中原地区的炎黄集团,也称华夏族;二是东部的古夷集团,后称东夷族;三是南部的三苗蛮集团,也称苗蛮族;四是东南沿海的古越集团,后称百越族。华夏族源于传说中的炎帝、黄帝部族联盟,从部族间的冲突、战争到融合,历经夏商周三代发展以及春秋战国时期与周边诸族的交流融合,在秦汉时期进一步得到发展,从而完成了华夏民族的主体建构。再次,"三皇五帝"中的人物之所以来自各个部族,也是政治集团为了融合各个民族的需要。许多部族因为战争被强制合并到华夏民族中去,虽然政治上被融入,但其文化和心理上并未真正融入,出于政治统一的需要,有影响力的部族的信仰和始祖仍被继续尊奉。他们从上古传说中选取了八位人物代表祖先神灵,这些原本并不属于同一部族集团的人物，被归纳到同一来源的谱系中，形成了华夏族的帝王谱系。之后的传播过程中，"三皇五帝"又被加入历史真实化的描述，在历经战国至汉、东晋长期的历史传承中逐步得到完善。所以，"三皇五帝"是华夏民族形成后，对各个部族的先祖神灵和神话传说进行选择、重组和融合的结果。

# 第二节　作为始祖的龙麒

在《高皇歌》中，畲人将龙麒（盘瓠）作为始祖，叙述了他不平凡的经历。龙麒（盘瓠）在高辛帝危难之时，主动请缨，立下了千古奇功，之后又开创了祖业，繁衍出子孙后代。

盘瓠之名大约出现在新石器时代晚期。盘，指的是最早陶制的容器；瓠，指的是水瓠，即用葫芦制作的容器。"盘瓠"名称的出现，反映了该时期人们正在逐步用陶器来取代天然容器。在我国畲族以及苗族、瑶族文化中都有盘瓠传说存在，它是我国民族文化的一个重要组成部分，也是我国民族历史发展的长河中创造的重要文化遗产。

## 一、龙麒与盘瓠

现今流传的《高皇歌》版本中，史诗的主人公并非盘瓠，而是龙麒，但我们对《搜神记》、《后汉书》等古籍中有关盘瓠传说和《高皇歌》中龙麒的传说进行对比，就可以看出盘瓠和龙麒传说其实是同一母体衍生的故事。以下仅以《搜神记》和《高皇歌》的对比为例。

《搜神记》中的记载：

> 高辛氏，有老妇人居于王宫，得耳疾历时。医为挑治，出顶虫，大如茧。妇人去后，置以瓠蒌，覆之以盘，俄尔顶虫乃化为犬。其文五色。因名盘瓠，遂畜之。时戎吴强盛，数侵边境。遣将征讨，不能擒胜。乃募天下有能得戎吴将军首者，赠金千斤，封邑万户，又赐以少女。后盘瓠衔得一头，将造王阙。王诊视之，即是戎吴。为之奈何？群臣皆曰："盘瓠是畜，不可官秩，又不可妻。虽有功，无施也。"少女闻之，启王曰："大王既以我许天下矣。盘瓠衔首而来，为国除害，此天命使然，岂狗之智力哉。王者重言，伯者重信，不可以女子微躯，而负明约于天下，国之祸也。"王惧而从之。令少女从盘瓠。盘瓠将女上南山，草木茂盛，无人行迹。于是女解去衣裳，为仆竖之结，着独力之衣，随盘瓠升山入谷，止于石室之中。王悲思之，遣往视觅，天辄风雨，岭震云晦，往者莫至。盖经三年，产六男六女。盘瓠死后，自相配偶，因为夫妇。织绩木皮，染以草实。好五色衣服，裁制皆有尾形，后母归，以语王，王遣使迎诸男女，天不复雨。衣服褊褷，言语侏离，饮食蹲踞，好山恶都。王顺其

意,赐以名山广泽,号曰蛮夷。蛮夷者,外痴内黠,
安土重旧,以其受异气于天命,故待以不常之律。
田作贾贩,无关缛符传租税之赋。有邑君长,皆赐
印绶;冠用獭皮,取其游食于水。今即梁、汉、巴、
蜀、武陵、长沙、庐江郡夷是也。用糁杂鱼肉,叩槽
而号,以祭盘瓠,其俗至今。故世称"赤髀横裙,盘
瓠子孙"。①

《高皇歌》中的记载:

> 贤皇高辛在朝中,刘氏君秀坐正宫;
> 正宫娘娘得一病,三年头昏耳又痛。
> 高辛坐天七十年,其管天下是太平;
> 皇后耳痛三年久,便教朝臣叺先生。
> 先生医病是明功,取出金虫何三寸;
> 皇后耳痛便医好,金虫取出耳怀痛。
> 取出金虫三寸长,便使金盘银斗装;
> 一日三时仰其大,变作龙孟丈二长。
> 变作龙孟丈二长,一双龙眼好个相;
> 身上花斑百廿点,五色花斑朗毫光。
> 丈二龙孟真稀奇,五色花斑花微微;

---

① 　出自《搜神记》卷一四。《搜神记》为东晋干宝所作。干宝,生卒
年不详,字令升,东晋新蔡(今河南省新蔡县)人。我国东晋著名的文学
家和史学家,也是小说家的一代宗师。他的《搜神记》志怪小说集在中国
小说史上有着极其深远的影响,被称作中国志怪小说的鼻祖。

像龙像豹麒麟样,皇帝取名叺龙麒。

............

官兵接头使盘装,奉上殿里去见王;

皇帝肰见心欢喜,愿招龙麒做婿郎。

文武奏上皇帝知,皇帝殿里发言辞;

三个公主由你拣,随便哪个中你意。

头是龙孟身是人,好度皇帝女结亲;

第三公主心唔愿,龙麒就讲去变身。

金钟内里去变身,断定七日变成人;

皇后六日开来肰,龙麒钟里变成人。

龙麒平番是惊人,公主自愿来结亲;

皇帝圣旨封下落,龙麒是个开基人。

龙麒平番立大功,招为驸马第三官;

封其忠勇大王位,王府造落在广东。①

从以上对比看出,除了主人公的叫法不同,两个故事不管是情节还是细节都十分吻合。畲族传说中,龙麒初生为虫,装于盘,盖以瓠叶,故又称盘瓠。咸丰二年(公元 1852年)始创的浙江省云和县新处垟《雷氏宗谱》中称盘瓠"字龙麒",所以《高皇歌》又称为《盘瓠王歌》,从这些证据看,我们都可以看出此二者之渊源,因此龙麒和盘瓠无非是不同版本的作品中不同的叫法罢了。

---

① 《畲族高皇歌》,浙江省民族事务委员会编写,中国广播电视出版社 1992 年版。

## 二、龙麒与高辛

　　龙麒(盘瓠)被认为是畲族的始祖,《高皇歌》中龙麒的故事发生的背景就是在高辛帝时期。高辛帝即帝喾,他是我们通常所说的"三皇五帝"中的第三位帝王,他姓姬,名夋,号高辛氏,其曾祖是黄帝,祖父是玄嚣,父亲是蟜极,帝颛顼是其伯父。帝喾从小德行高尚,聪明能干。十五岁时,就被帝颛顼选为助手,因有功,被封于辛(今商丘市高辛镇)。他前承炎黄,后启尧舜,奠定了华夏的根基,是华夏民族共同的人文始祖,也是商族的第一位先公。根据《高皇歌》中的描述,高辛帝之妻忽患耳疾,御医从她耳中取出一条三寸长的金虫,它很快长成形如龙豹的神物,高辛帝为其取名"龙麒",从史诗的整个历史脉络来看,我们可以看出龙麒与高辛帝的渊源。第一,龙麒是从高辛皇后耳朵里取出的神物,虽然龙麒不是高辛皇后所生,但高辛皇后却是其出生的母体。这种奇特的出生方式,是许多民族在叙述自己祖源时常用的叙述方式,比如鲧腹生禹、简狄生契、姜源生后稷都与之十分相似。第二,龙麒的建功立业与高辛帝有直接的关系。番王起兵作乱,危及高辛帝的统治,龙麒在危难之际主动请缨前往敌国,他混入番王军队,服侍番王三年,深受其信任,一天他乘番王酒醉不备,咬下其头,回国献给高辛帝,故被封为"忠勇王"。第三,龙麒与高辛帝有着亲缘关系。高辛帝皇榜招贤,谁能平定番王,便可和三公主成婚。龙麒因立功,被招为驸马,故与高辛帝成为近亲。第四,龙麒后代的姓氏是高辛帝所赐。根据

《高皇歌》叙述，龙麒先后生下三男一女，并受到高辛帝赐姓，"亲养三男一个女，带上殿里去罗封"，龙麒的三个儿子分别被高辛帝赐盘、蓝、雷三姓，女儿因招的女婿姓钟，其后裔遂姓钟。

高辛帝是华夏文化的人文始祖，也是最高权力的象征，畲人将先祖的起源与高辛帝联系在一起，使得其族群的起源，在自我认同上带有强烈的民族自豪感，同时也确证了其与华夏文化的同根同源。《高皇歌》通过这种神话式的叙事方式，最终指向的是自我族群存在的意义，他们选择高辛帝这样被主流价值认同的人物作为支点，也为其族群提供了自身存在的合理性以及正当性的充分论据。

## 三、盘瓠与盘古

关于盘古与盘瓠的关系，这历来也是一些学者争论的热点问题。清末民初北京大学图书馆馆长夏曾佑认为盘古是由盘瓠演变而来的，其在所著的《古代史》一书中说："今按盘古之名，古籍不见，疑非汉族旧有之说，或盘古盘瓠音近，盘瓠为南蛮之祖"，根据"盘古"与"盘瓠"音近，他推测盘古是瑶族始祖盘瓠传说的演变。苏时学著《瑶山笔话》一书中，据《后汉书·南蛮列传》记载的盘瓠传说，认为"盘古乃盘瓠之音转"。后来许多学者也多持此"音转"之说。夏曾佑由此断定，汉民族把南方少数民族神话人物盘瓠的神话，误为己有，造出了盘古。

"盘古"与"盘瓠"虽然是一字之差，但其反映的文化内涵却有很大差异。从典籍的记载上看，这两个神话无论在内容上还是性质上都有明显的区别，是不同体系的神话。盘古由"卵"而生，盘瓠由"虫"而生。从神话的性质上看，盘古开天辟地、繁衍人类，死后化为万物，这属于创世神话；而盘瓠由高辛帝的奇犬，立功后变身成人，并与高辛之女婚配，繁衍后代，成为苗瑶畲等民族的祖先，这属于始祖神话。从民俗信仰来看，南方一些民族在奉祀两神时也是盘古神位排第一，盘瓠神位排第二，一尊一宗，次序分明。盘瓠与盘古之所以会发生粘合，究其原因是共处同一地域，不同民族文化之间不断交流和整合的结果，在这种复合性传承中形成了你中有我，我中有你的局面。同时，一些典籍的记载者也没有厘清二者的关系，在文字传播上以讹传讹，以致于两者后来在许多方面都难以区分，最终导致了两者在认识上的模糊。

## 四、盘瓠传说之演化

《山海经》是秦汉以前一部记载我国神话、地理、植物、动物、矿物、物产、巫术、宗教、医药、民俗、民族的著作，大约是从战国初年到汉代初年，楚国和巴蜀地方的人所作，现代中国学者一般认为《山海经》成书非一时，作者亦非一人，是一部上古时期荒诞不经的神话奇书，也有人认为它是古代山水物志。关于盘瓠的传说，在《山海经》中就可见雏形。据《山海经》的记载："犬封国曰犬戎国，状如犬。有一女子，方跪进杯食。有文马，缟身朱鬣，目若黄金，名曰吉量，乘之寿千岁。"《山海经》里"长得像犬的人"的记述，成为后世"盘瓠传说"的雏形。到东晋时期，盘瓠传说形成较完整的

故事情节,东晋著名学者郭璞(公元276—324年)在《玄中记》中记载:

> 高辛帝有美女,未嫁。犬戎为乱,帝曰,有讨之者,妻以美女,封三百户。帝之狗名盘护,三月而杀犬戎,以其首来。帝以为不可训民,乃妻以女,流之会稽二万一千里,得海中土,方三千里而封之。

在郭璞记述里,盘瓠传说具有了一定情节,而且盘瓠与高辛帝之间形成了关联,使人物的历史背景进一步明确了。

汉晋之后,到了南朝范晔(公元398—445年)的《后汉书》中,关于"盘瓠传说"的记载就更为详细了,据《后汉书》中记载:

> 昔高辛氏有犬戎之寇,帝患其侵暴,而征伐不克。乃访募天下,有能得犬戎之将吴将军头者,赐黄金千镒,邑万家,又妻以少女。时帝有畜狗,其毛五采,名曰槃瓠。下令之后,槃瓠遂衔人头造阙下,群臣怪而诊之,乃吴将军首也。帝大喜,而计槃瓠不可妻之以女,又无封爵之道,议欲有报而未知所宜。女闻之,以为帝皇下令,不可违信,因请行。帝不得已,乃以女配槃瓠。槃瓠得女,负而走入南山,止石室中。所处险绝,人迹不至。于是女解去衣裳,为仆鉴之结,着独力之衣。帝悲思之,

遣使寻求,辄遇风雨震晦,使者不得进。经三年,
生子一十二人,六男六女。槃瓠死后,因自相夫
妻。织绩木皮,染以草实,好五色衣服。制裁皆有
尾形。其母后归,以状白帝,于是使迎致诸子。衣
裳斑斓,语言侏离,好入山壑,不乐平旷。帝顺其
意,赐以名山广泽。其后滋蔓,号曰蛮夷。外痴内
黠,安土重旧。以先父有功,母帝之女,田作贾贩,
无关梁符传、租税之赋。有邑君长,皆赐印绶,冠
用獭皮。名渠帅曰"精夫",相呼为"姎徒"。今长
沙武陵蛮是也。

　　《后汉书》中的情节与《玄中记》的基本一致,只是《后汉
书》中增加了不少细节,人物形象也更加清晰丰满了。《后
汉书》将盘瓠神话列入了正史,这对后世的影响十分深远,
在范晔之后直到清朝的一千多年间,盘瓠神话不断被录于
史书之中。我们从《山海经》到《后汉书》的一系列记载中可
以发现,一个传说的演变是"累加式"的。情节和细节在不
断的记述中被添加和演化,对同一事件的记述,越晚的文本
描述往往会越丰富,比如在《山海经》中,最初的故事雏形非
常简单,信息量也非常少,但是到了《后汉书》里,故事的情
节和细节都得到了丰富,事件的来龙去脉都非常清楚了,所
以我们看到的关于盘瓠的记述不像是传说,而更像是史
实了。

　　关于盘瓠的传说在中国南方多个少数民族中都有流
传,比如清乾隆时期署名"里人何求"创作的《闽都别记》中
载:"上古本国之闽越王,因被南粤王围困,出示曰:'谁能杀

退南粤王,解救重围者,以亲女招之为婿'。随有一犬,半夜走去咬死南粤王,将头衔回,重围遂解。闽越王不肯失信,即将亲女配犬为妻。那王女才貌俱美,听从父命,纳犬为夫,不敢违父之命,生子传孙,开枝发叶。"从《闽都别记》和《高皇歌》里,我们都可以看出《后汉书》中"盘瓠传说"的影子。它们的故事脉络与《后汉书》基本吻合,在《闽都别记》中将闽越王替代了高辛帝,将南粤王替代了番王,故事的发生地也移植到了畲人集聚的闽越之地。

与《后汉书》相比,在《高皇歌》中还增加了"金钟变身"、"帝王赐姓"等情节。"金钟变身"是对高辛帝嫁女情节的进一步发挥,盘瓠(龙麒)平番后,经过七日在金钟里完成变身,终于如愿与三公主结为夫妻,并得到了封赐。"金钟变身"这一情节,使盘瓠从神变成了人,由此畲族先祖起源的传说也实现了由神话到现实的转换,这种人神身份的模糊和互换,无非是在暗示其民族起源的神性。《高皇歌》中"帝王赐姓"情节,则是对《后汉书》中"生子一十二人,六男六女"情节的改编和发挥。盘瓠(龙麒)与妻子生下三男一女,请高辛帝赐姓。大儿子生下来是用盘子装的,就赐姓为盘;二儿子生下来是用篮子装的,就赐姓为蓝;给三儿子赐姓时,恰逢天上有轰隆的雷声响过,便赐姓为雷;女儿招女婿,就随夫姓了钟。《高皇歌》中加入"帝王赐姓"是具有现实针对意义的,族姓是家族的徽号,同时也是人们在社会交往中的"名片",用帝王赐姓这种显赫的方式来叙述本民族的根源,不仅确证了其族群存在的合法性,同时也显示出其家族历史的遥远和出身的高贵。

木本乎根,人本乎祖。民族始祖是民族精神的支柱,是民族凝聚力的纽带,也是神圣血缘观念的具体表现。对于民族先祖的认定,作为一种文化现象,它从远古的传说到有文字记载的历史,是在一个相当长的历史时期中逐渐确立起来的。一个民族始祖地位的确立,有历史的因素,有政治的因素,同时也是多种文化相互融汇的结果。

# 第三节　蛮到山哈的演化

　　"山哈"一词在《高皇歌》中有多处出现,如"掌在福建去开基,山哈四姓莫相欺"、"二想山哈盘蓝雷,京城唔掌出朝来"等等。"山哈"是畲人的自称,而畲民、峯民则是汉人对"山哈"的他称。关于"山哈"的来源,有长沙武陵蛮说、南蛮后裔说、古越人后裔说等各种说法。尽管史书对畲族的族称记载相当混乱,众说纷纭,称呼也因时因地而异,但是我们由"畲"上溯探源,就会发现畲蛮之间有着极为密切的历史渊源。

## 一、蛮之种种

　　先秦时期华夏民族称四方异族为蛮、夷、戎、狄。蛮是对南方少数民族的泛称,所以又称南蛮。其在不同时期,有不同称呼。夏朝时称卉服岛夷、有苗、三苗、和夷、裸国;商朝时称荆蛮、庸、濮、蜀、髳、微、越;周朝时称荆蛮、荆越、扬越、百越、闽、庸、百濮、巴、蜀、僬侥。现今南方的少数民族大多由南蛮民族演变而来。

## (一)先秦时期的蛮族

南蛮的民族成分也相当复杂,大体可分为百越、百濮与巴蜀三大族系。

### 1.百越族系

百越族系分布于长江以南的广大地区。古时粤、越通用,文献上也称之"百粤"。百指多数,是对南方诸族的泛称。夏朝称"于越";商朝称"蛮越"或"南越";周秦时期的"越"除专指"越国"外,亦同样是对南方诸族的泛称。周朝称"扬越"、"荆越";到了战国时代,古越族分化成众多的支系,这时文献中便有了"百越"之称。战国后期,除了有"百越"之称外,还有"扬越"之称,即包括今淮南、长江下游和岭南的东部地区,有时又包括整个岭南地区。所以扬越实际也是战国至秦汉对越人的另一泛称。在秦汉之前,江南的广大区域都是百越族的居住地,《汉书·地理志》注引臣瓒曰:"自交趾至会稽七八千里,百越杂处,各有种姓。"他们使用古越语,主要崇凤、崇蛇、崇龙。到了汉武帝时期,越族被征服,这些地区皆改为汉朝的郡县,百越之称不再出现于史籍之中。

### 2.百濮族系

百濮族系分布于今湖南、贵州一带,是多个古老氏族部落群体的统称。在先秦时代将其称为卜人、濮或濮人;汉晋时期称为濮人、濮、濮夷、哀牢、闽濮、裸(踝)濮、蛮濮、尾濮等;唐宋时期又称为扑子蛮、越扑子、茫蛮、茫施、金齿、黑齿、漆齿、文面濮、赤口濮、望蛮等;元明以后又称为金齿、金齿夷、金齿蛮、漆头金齿、濮蛮、濮人、扑子蛮、哈杜、卡瓦、哈瓦、黑蒲、不农、蒲龙、波龙、养子、崩龙等。由于古代濮人的名称比较繁杂,而且分布地区极为广阔,故有"百濮"之称,濮族大多崇龙和崇凤。

### 3.巴蜀族系

巴蜀是先秦时期地区名和地方政权名,今主要分布在重庆、四川境内,东部为巴国,西部为蜀国。据《华阳国志》所记,先秦巴蜀地区的民族有濮、賨、苴、龚、奴、獽、夷、蜒、滇、僚、僰等族称,其中大部分是百濮支系,大量出土文物表明,巴蜀文化是与中原有别的另一民族文化。

古巴族人简称巴人,早期的巴人,以狩猎、捕鱼为主,和猛兽打交道,居石穴,以虎为图腾。传说周朝以前居住在今甘肃南部,后迁到武落钟离山(今湖北长阳西北),以廪君为首领,本有巴、樊、瞫、相、郑五姓。秦灭巴以后,巴人的一支迁至今鄂东,东汉时称江夏蛮,西晋、南北朝时称五水蛮;另一支迁至今湘西,构成武陵蛮的一部分。留在四川境内的,部分叫板楯蛮,南北朝时因大量迁移,大都先后与汉族同化。

古蜀,也称古蜀国或蜀国,是在四川盆地长期存在的古国。神话中蜀人的祖先是"蚕丛"和"鱼凫"。蜀,本义为蛾蝶类的幼虫,与"蠋"通,《诗经·东山》中有"蜎蜎者蜀",《管子·水地》中有"欲小则化为蚕蠋"之句,都为野蚕之意。相传上古时,居住在古青藏高原的古羌族人向东南迁居,进入了岷山地区和成都平原。后人将这些居住在岷山河谷的人称为蜀山氏。后来,蜀山氏的女子嫁给黄帝为妃,生下儿子蚕丛,蚕丛在四川平原建立了古蜀国,自此代代相传。《华阳国志·蜀志》中记载:"有蜀侯蚕丛,其纵目,始称王。"蚕丛,即蚕丛氏,是蜀人的先王,与"教民养蚕"有一定关系。

鱼凫,即鱼老鸹,是一种捕鱼的水鸟,这是蜀人部落的图腾,也是其神话传说中的祖先。凫,在先秦时指野鸭,《诗经·凫鹥》有"凫鹥在沙"之句,鱼凫则是《山海经》中的异兽,《大荒西经》云:"有鱼偏枯,名曰鱼妇。颛顼死即复苏。风道北来,天及大水泉,蛇乃化为鱼,是为鱼妇。颛顼死即复苏。"这里的"妇"为"凫"的假借字,故鱼妇即为鱼凫。它由鱼和颛顼组合而成,而颛顼氏是以鸟为图腾的部落。从三星堆出土的大量文物中,有众多鱼、鸟的造型,一号祭祀坑出土的象征王权和神权的金杖,上面出现由鸟和鱼图案构成的徽记。所以,以鱼凫为图腾崇拜的部落,应该是以鱼和鸟为图腾的两个部落组成的联盟。鱼凫氏是古蜀国五代蜀王中继蚕丛、柏灌之后的第三个氏族,他与"教民捕鱼"有关。

蜀人最崇奉的祖先为杜宇,他擅长于农耕,《华阳国志·蜀志》:"后有王曰杜宇,教民务农",传说其死后化为杜鹃鸟,每到春天来临便啼叫不止,催民春耕春种,以致啼出血来。另一种说法则是他被鳖灵用武力赶走,《四川通志》说:"望帝自逃之后,欲复位不得,死化为杜鹃。"古蜀国曾经历了多个朝代,同时期发展出的文化包括宝墩文化、三星堆文化、金沙文化、十二桥文化。后于公元前316年被秦国所灭,根据史书记载,其王子后于古代岭南地区创立瓯雒国,但最终被南越国所灭亡。

### (二)秦汉时的蛮族

南蛮亦称"獠",《说文》"獠,猎也。"《魏书》载:"獠者,盖南蛮之别种,自汉中达于邛、筰,川洞之间,所在皆有。种类甚多,散居山谷,略无氏族之别。"[1]他们分布在今广东、广西、湖南、四川、云南、贵州等地区,亦泛指南方各少数民族。春秋时楚境内已有不少以"蛮"自称的民族。在春秋前期,楚大举进攻蛮人,史称楚武王"大启群蛮"。楚庄王时,楚周边民族乘楚大饥之际,"戎伐其西南,又伐其东南,庸人率群蛮以叛楚,麇人率百濮聚于选,将伐楚"。秦昭王时,白起攻灭楚国之后,"略取蛮夷,始置黔中郡"。秦汉时蛮族以盘瓠、廪君、板楯三者最大。

#### 1.盘瓠蛮

盘瓠蛮因以神犬盘瓠为图腾而得名。秦时居住在武陵郡(今湘西、黔东及鄂西南边缘地区)、长沙郡(今湘中、湘南地区),故又称"武陵蛮"或"长沙蛮"。《南史》中说:"居武陵者有雄溪、横溪、辰溪、酉溪、武溪,谓之五溪蛮。"[2]因为这五条溪流的缘故,所以又有"五溪蛮"之称。盘瓠蛮在秦汉时部落分散,各有首领,汉王朝授予邑君、邑长称

---

① (北齐)魏收:《魏书·獠传》卷一〇一。

② (唐)李延寿撰:《南史·夷貊传下》卷七九。

号,颁赐印绶。蛮语称首领曰精夫,族人相呼曰姎徒。多居山壑,从事粗放农业。能织木皮为布,以草实为染料。衣服五色斑斓,赤髀横裙,以枲束发。东汉至宋时则是对分布在现在湘西及黔、川、鄂三省交界地沅水上游若干少数民族的总称。

### 2.廪君蛮

廪君蛮是巴人的一支,以白虎为图腾。土家族的祖先巴务相被推为五姓部落的酋领,称为"廪君",传说廪君死后化为白虎,后代以此奉祀。秦汉时居巴郡(今重庆北)、南郡(今重庆市、川东、鄂西地区),故又称巴郡蛮、南郡蛮。

### 3.板楯蛮

板楯蛮是秦汉时期分布在川北、川东及陕西汉中一带的土著居民,又称"賨人",《说文解字》中说:"賨,南蛮赋也"。秦汉时西南一些少数民族作为赋税交纳的钱。《后汉书·南蛮传·板楯蛮夷》中载:"秦地既定,乃遣还巴中,复其渠帅罗、朴、督、鄂、度、夕、龚七姓,不输租赋,余户乃岁入賨钱,口四十。"所以賨人又被称姓"七姓蛮",又因使用木板为楯,冲锋陷阵,被称为"板楯蛮",《华阳国志》云:"从高祖定秦有功,高祖因复之,专以射白虎为事,户岁出賨钱口四十,故世号'白虎复夷',一曰'板楯蛮'。"①賨人一部分融入汉族,一部分东迁的被称为五溪蛮,与今之土家族有一定关系。

---

① (东晋)常璩:《华阳国志·巴志》。

### （三）魏晋之后的蛮族

魏晋南北朝时期,是我国民族大融合的时期,原居于长江中游山地的蛮族,此时纷纷向较为平坦的地区进发,《魏书》云:"蛮之种类,盖盘瓠之后,其来自久。习俗叛服,前史具之。在江淮之间,依托险阻,部落滋蔓,布于数州,东连寿春,西通上洛,北接汝颍,往往有焉。其于魏氏之时,不甚为患,至晋之末,稍以繁昌,渐为寇暴矣。自刘石乱后,诸蛮无所忌惮,故其族类,渐得北迁,陆浑以南,满于山谷,宛洛萧条,略为丘墟矣。"①

由于人口迁移和长期战乱的影响,在与蛮族居住的山区相近的平原、河谷地区出现了不少人口空白区。因此蛮族人口大量从山区迁至附近的平原或河谷,有的就成为当地的定居人口。公元七世纪初,汉人对居住在福建、广东、江西三省交界地区(包括畲族先民在内)的少数民族泛称"蛮"、"蛮獠"、"峒蛮"或"峒獠"。唐代刘禹锡在《刘宾客文集》中记述了当时福建的少数民族的生存状况:"闽有负海之饶,其民悍而俗鬼,居洞砦,家桴筏者,与华语不通。"他们因居洞岩被称为"洞蛮"、"蛮獠",这是早期对畲民的一种蔑称。关于畲族的来源众说纷纭,莫衷一是,但归纳起来无非"外来说"和"土著说"两大观点。

### 1.外来说

"外来说"以武陵蛮后裔说最具代表,其他如"东夷说"、

---

①　（北齐）魏收:《魏书·蛮传》。

"南蛮说"都是建立在"武陵蛮"说的基础上进一步推进的。

(1)"武陵蛮"说。汉晋时代盘瓠传说已为当时的武陵、长沙、庐江一带的"蛮人"所信奉,他们在其后的发展中,主要是形成了后来的畲族和瑶族。"武陵蛮"(亦称五溪蛮)与畲瑶两族都有内容相似的起源传说,都以盘瓠为原始图腾,且有许多相同的习俗。在史籍中畲瑶往往并称,甚至畲瑶不分。直到清代,人们还常把畲人称为"瑶人",对他们不加区分。福州地区许多畲姓族谱中,他们也自称"瑶户"和"瑶人子孙",现分布在广东海丰、惠阳、增城、博罗的畲族仍称自己为"粤瑶"。从畲瑶两族的姓氏看,盘姓虽是畲族四大姓氏之一,但实际上畲族中盘姓的人并不多,但在瑶族中盘姓却很多,其他如蓝、雷等姓氏也是两族所共有的。据此,可以认定畲瑶同源并与汉晋时代长沙的"武陵蛮"有很深的渊源。

随着"武陵蛮"势力不断地南移,至唐宋时期,湘南地区已成为其居住的重心,以此为起点,畲瑶开始分道扬镳。由于迁徙路线不同,在不同的生活环境中,他们逐步形成了各自不同的族群特点,此为畲瑶分流之原因。

(2)"东夷"说。"东夷"说是进一步把畲族渊源追溯至春秋战国时期生活在淮河与黄河之间的"东夷"族群,该族群迁到湘西、鄂西后,融合了三苗、氐羌(犬戎)的成份,形成了"武陵蛮"中的一支"莫徭蛮"。"莫徭"族称始于唐朝,《梁书》载:"零陵、衡阳等郡,有莫徭者,依山险为居。历政不宾服,因此向化。"[1]《隋书》记载:"长沙郡又杂有夷蜒,名曰莫

---

① (唐)姚思廉:《梁书·张缵传》。

徭。自云其先祖有功,常免徭役,故以为名。"①这里所谓的
先祖有功指的就是盘瓠立功的传说,"莫徭"包括了当时居
住在武陵、长沙一带的苗、畲、土家等族的一部分先民在内,
到了唐朝以后的史籍中,"莫徭"之称被"瑶""瑶人""蛮瑶"
等族名所取代。

2.土著说

此说认为闽、越乃我国南方的两个古老民族,畲族是古
越人或古闽人的后裔。所以此说又可分为"古越土著"和
"古闽土著"两大系统。

"古越土著"说根据古越人和畲人的居住区域等方面,
认为畲族为古越人后裔。"古闽土著"认为,福建的越族是
战国晚期楚败浙江越国后,其子孙分水陆两路入闽,成为福
建的一个客族。《说文解字》中对"闽"的解释为:"闽,东南
越,蛇种。从虫门声。"所以,"闽"是指东南越族的名称,他
们以蛇为图腾。

不过"土著说"还是有许多地方存在疑问,如越人主要
从事种植水稻和渔业生产,而畲民从事农耕和狩猎,这与越
人的生产方式缺乏渊源关系。另外,闽族以蛇为图腾,这与
畲人以龙麒为图腾不同,而且畲人反感别人称之为"蛇客",
所以该族群对蛇没有形成崇拜和认同感。

综上所述,我们大致可以看出畲族源流的发展演变脉
络——该族群发祥于古代南方蛮族,秦汉时分化,其中一支
演化为"武陵蛮"或与越人融合为闽越人;魏晋南北朝时期,

---

① (唐)魏徵:《隋书·地理志》卷三一。

进一步大融合形成以畲耕为业的"蛮獠";宋元以后,被称作畲民,并开始大规模的迁徙。故"畲蛮"广泛地分布于闽粤、闽赣、闽浙交界以及闽东沿海一带。

## 二、畲之由来

"畲"字的由来甚古,早在《诗》、《易》等经书中就已出现。《诗经·周颂·臣工》中有云:"如何新畲?于皇来牟,将受厥明。"《周易·无妄》中就有"不耕获,不菑畲"。菑、新、畲都是周代对田地的叫法,周制中菑为初垦之田,新和畲分别指开垦次年和第三年的田地。《尔雅·释地》说:"田一岁曰菑,二岁曰新田,三岁曰畲。"当时田地一般连续耕种三年,人们便会另择他土,即古书上所说的"爰田易居"。西周以后,农作技术发展,故每隔三年要换土的做法随之消失。同时,畲田又是指采用刀耕火种的方法耕种的田地,即在田中先把草木除去,晒干后以火焚之,等天雨时再播种。范成大的《劳畲耕》诗序中说:"畲田,峡中刀耕火种之地也。春初斫山,众木尽蹶。至当种时,伺有雨候,则前一夕火之,藉其灰以粪。明日雨作,乘热土下种,即苗盛倍收。"杜甫在其诗《戏作俳谐体遣闷》也说:"瓦卜传神语,畲田费火耕。"

"畲"字读音有二:读余(yū),古字为上"余"下田。《集韵》和刘禹锡、李商隐、范成大诗文中"畲"字,均为上"余"下田,《说文解字》对其解释是"三岁治田也",指刚开垦三年的田;而读畲(shē),写作上"余"下田,或上"余"下田,意为刀耕火种,其含义有开荒辟地的意思,这与在畲族族谱中所叙述的祖先"只望青山,刀耕火种,自给处足"是相一致的。福州地区畲族人,山上的农地叫做"畲",开垦荒山叫做"开畲",耕种山地叫"做畲",种的旱稻叫"畲禾"。《嘉靖罗川志》记述:"罗源枕山襟海,地多险阻,畲人及他邑流移居民,杂处草泽之中。"

我们现在所称的"畲族"古称"畲民",该词最早见于南宋莆田人刘克庄的《漳州谕畲》:"畲民不悦(役),畲田不税,其来久矣。"① 这是史籍中"畲"最早被作为族称的记载。"畲"作为族称被命名,体现了当时畲民的生产方式的特点,《漳州谕畲》中说:"二畲皆刀耕火耘,崖栖谷汲,如猿(猱)升鼠伏。"②清朝光绪年间《龙泉县志》中说"(民)以畲名,其善田者也",这些都体现了当时畲民到处开荒、游耕的经济生产生活方式。

在同一时代,作为族称与"畲民"并用,并出现在史书上的还有"輋民"一词。文天祥《知潮州寺丞东岩先生洪公行状》说:"潮与漳、汀接壤,盐寇輋民群聚","輋"与"畲"同音,读奢(shē),是广东汉人中流行的俗字。顾炎武《天下郡国利病书》云:"粤人以山林中结竹木障覆居息为輋"。"輋民"意为在山里搭棚居住的人,"輋"字作族称侧重于其居住形式的特征。

"輋"与"畲"二字相异,但读音相同,其含义虽有差异,但指的都是同一个族群。"輋民"指的是闽西南汀漳地区的畲族,"畲民"指的是广东潮州以及江西地区的畲族。汉族

---

① 出自宋刘克庄《后村先生大全集·漳州谕畲》卷九三。
② 这里的"二畲",是指龙溪之西畲与漳浦之南畲。

文人对闽、粤、赣各地畲族群体生活方式进行观察,因其侧重点不同,故产生不同的称呼。

宋末元初,各地畲民纷纷组织义军,加入抗元武装的行列,《元史》中出现"畲军"、"畲丁"等叫法,畲民组织的武装队伍是当时抗元力量中重要的一支。到了元代,"畲"字被普遍使用。在明清时期,"畲""輋""瑶"基本通用,明代对"畲民""輋民""畲瑶""輋瑶"等称呼都有使用,而清代的一些地方志中,往往把畲族称为"瑶人""苗瑶",或合称为"畲瑶""畲蛮"。相比而言,"畲民"一词较为多见。这一时期,闽、浙各处的地方志称"畲族"为"畲民""畲人"和"畲客"等,而赣、粤各处的地方志以"輋户""輋蛮"和"山輋"等称之。民国时期,由于许多人不了解畲民的民族成份,还有把他们称为"苗夷""苗族""瑶族""瑶僮"和"苗民"的。畲作为族称,本无侮辱之意,但有人把"畲"字改为"犭邪"字,这就是带有侮辱性的写法。福州地区畲族人忌讳"邪"字音,因为过去往往被人侮辱为虫类的"蛇"。畲人又称"山哈",这在闽、粤、赣、浙、皖各省畲族民间普遍流传,是畲族内部一种亲热的称呼,有蓝、雷、钟三姓自己人的意思,其意与"夏老""百姓""民家人"是对称的,而"畲客""山客""山达""山宅""宅家"等则都是被称。

新中国成立后,政府对畲族的族称问题很重视。1953年,国家民委派出一个民族识别调查组,深入到福建省罗源县八井、漳平县山羊隔和浙江省景宁县东弄三个畲族村进行调查研究,并撰写了调查报告。1955年,国家民委又派出民族识别调查组,到广东省对凤凰山区、莲花山区、罗浮山区等地,对自称是"山哈"的人,就名称、历史、语言、经济生活、政治制度与社会组织、民族关系、文教卫生、生活习俗、民族意识与心理状态等十个方面进行调查。

1956年中共中央统战部要求福建、浙江、广东、江西等地针对畲族的族称问题,征求畲民的意见。福州地区罗源、连江的代表不同意用"畲"字作为族称,认为民国时期及以前存在"蛇"与"畲"谐音的污蔑语言,建议用"山哈"作为族称;浙江、广东、江西三省的代表同意以"畲"字作为族称。中央政府综合各方意见后,认为畲民这个称呼虽然是他称,但其含意并无侮辱性,从历史上沿用已久的"畲"字,都体现畲族人民勤劳勇敢的本色,而且多数省份畲民代表同意用"畲"字作为族称。所以,1956年12月,由国务院正式公布确认,畲族(佘田的畲,音 shē)是一个具有自己特点的单一的少数民族,至此,"畲族"成为法定的族称。

# 第二章

# 自我认同

## ——盘蓝雷钟一宗亲

# 第一节 宗族:社会组织的核心

畲人十分崇敬自己的祖先,每逢农历二月十五,七月十五和八月十五,都会举行隆重的祭祖活动,他们通过悬挂祭拜"祖图",唱《高皇歌》等形式,来传颂祖先的丰功伟绩和本族的历史。畲族盘、蓝、雷、钟四大姓,同系"龙麒一脉",《高皇歌》有唱:"盘蓝雷钟一宗亲,都是广东一路人"、"当初出朝在广东,盘蓝雷钟共祖宗",从中都可见畲人观念中宗族的意识。

## 一、儒家文化下的宗族观念

宗族,是一种以血缘为基础的人群集合,它是以一男性为中心,并由其直系男性的后裔依照一定的伦理规则进行组合,而形成的血缘集合。它通常表现为拥有共同祖先和姓氏,并在同一地聚居,构成大的聚落,属于现代意义上模糊的族群概念。历史上,姓氏家族聚居比较普遍,一个宗族即为一个自然村落,村名往往也多体现姓氏,如李家村、王家屯等。

我们现在常常把"宗族"作为一个词来用,但实际上"宗"与"族"属于两个不同的亲属组织层次。"宗"本意是家族的上辈和民族的祖先,东汉班固的《白虎通德论·宗族》

说:"宗者何谓也? 宗者尊也。为先祖主者,宗人之所尊也。《礼》曰:宗人将有事,族人皆侍。古者所以必有宗,何也?所以长和睦也。大宗能率小宗,小宗能率群弟。通其有无,所以纪理族人者也。""宗"是同姓之下有确定祖先的亲属组织,作为亲属组织的一个层级,其下包含了"族",因此"宗族"应当是指"聚于宗之族人"之意,其组织结构包括宗——族——房——家四级宗族社会组织。

"族"是以男性为中心,按照父子相承的继嗣原则,上溯下延的父系单系亲属集团,这条主线有若干支线,支线排列的次序,则根据与主线间血缘关系的远近而定。《白虎通德论·宗族》说:"族者何也? 族者凑也,聚也,谓恩爱相流凑也。上凑高祖,下至玄孙,一家有吉,百家聚之,合而为亲,生相亲爱死相哀痛,有会聚之道,故谓之族。"其世系是按男性排列,因此宗族中的女姓都是男性的附庸,所谓"妇女有三从之义,无专用之道"。[①] "族"有族长,一般推举族内德高望重的男性长者担任,族长管理族内的各项事务,小至家庭纠纷、婚丧嫁娶,大到宗祠修建、祭祀修谱等事务,族长在家族中权势至高无上,对族人有惩治乃至生杀大权。

"族"由各个"房"构成,"房"是联系"族"和"家"的中间组织。"房"是由嫡亲子孙构成的近支宗亲,房有房长,一般按血缘关系由房中辈分最高、年龄最大者担任,房长可以解决家中或房中的纠纷,他既是本房的代表,又是族长的辅佐。

"房"的下一个层级是"家",它是宗族社会组织中的最

---

① 出自《仪礼·丧服》。

小单位,其基本特征是:其一是同居,其二是共财。儒家伦理统治下,家的核心是"父"或"夫",作为男权的两面,父权和夫权其本质是相同的。家有大小之分,"小家"包括二、三代人,家中人口有多有少,其形式包括夫妻二人,夫妻和子女,以及祖孙三世同堂等,以一对夫妇及未婚子女组成的二代户为最主要的形式;"大家"指四代以上同居的家庭,人口从十余人到几百,甚至上千人不等。

宗族有时亦被称为"家族",它们之间有相似之处,但又不尽相同。"宗族"和"家族"的相似之处是:它们都是以血缘为基础的社会组织和群体,其概念是由"家"的概念延伸而来的。用我国传统"五服"礼制将它们区分,家族其亲属范围是"五服"以内的成员,宗族的范围是"五服"以外的共祖族人。

"五服"制度是传统礼治中为死去的亲属服丧的制度,它规定了血缘关系亲疏不同,服丧的服制也不同。据此它把亲属关系由亲至疏分:斩衰、齐衰、大功、小功、缌麻五个层次。

(1)斩衰。是指不缝缉的意思,用最粗的生麻布制做,断处外露不缉边,凡诸侯为天子、臣为君、男子及未嫁女为父母、媳对公婆、承重孙(长房长孙)对祖父母、妻对夫,都要穿斩衰,是最重的孝服。

(2)齐衰。用粗麻布制做,断处缉边,因称"齐衰"。孙子、孙女为其祖父、祖母穿孝服;重子、重女为其曾祖父、曾祖母穿孝服;为高祖父、高祖母穿孝服均遵"齐衰"的礼制。

(3)大功。是用熟麻布制做的,质料比"齐衰"用料稍细。凡为伯叔父母、为堂兄弟、未嫁的堂姐妹、已嫁的姑及姐妹,以及已嫁女为母亲、伯叔父、兄弟,均服"大功"。

(4)小功。是用较细的熟麻布制做的,是轻于"大功"的丧服,这种丧服是为伯叔祖父母、常伯叔父母、未嫁祖姑及堂姑,已嫁堂姊妹、兄弟妻、再从兄弟、未嫁再从姊妹,又外亲为外祖父母、母舅、母姨等服丧而穿的。

(5)缌麻。是用稍细的熟布做成的,现在大多用漂白的布做成,称为"漂孝"。凡男子为本宗之族曾祖父母、族祖父母、族父母、族兄弟,以及为外孙、外甥、婿、妻之父母、表兄、姨兄弟等,均服"缌麻"。

亲属关系超过五代,不再为之服丧,叫"出服",也叫"出五服"。五服的原意指的是五种孝服,后来经演变,它也指代"五辈",从高祖到自己共五代,就成为五服,故有"五服之内为亲"的说法。高祖、曾祖、祖父、父、自己,凡血缘关系在这五代之内的都是亲戚,即同出一个高祖的人都为亲戚。五服之外被视为没有了亲缘关系,古人在婚嫁中,出了五服即可通婚。

所以,"家族"是以男性血缘关系为纽带,五服以内的亲属范围。它的层级其实相当于四级宗族社会组织中——"族"的层次。五服以外的共祖族人称为宗族,它是家族的扩大,是有共同的族产、祠堂、宗族组织机构、祭祖活动且聚族而居的社会团体。

宗族制度的产生可以追溯到父系氏族后期,随着个体家庭的出现,父权逐步确立,出现妻从夫居、女嫁男家、家庭由父权支配、血统按父系计算等原则。父系氏族的传统习俗和伦理观念经过不断地实践和充实,与儒家正统思想相结合,就构成了封建宗族的礼法制度,并成为了中国传统文化的核心。儒家的宗族伦理制度是以父权、族权为特征的家族制度，是中国封建社会独特的产物。"孝"是儒家"家本位"的伦理制度的基点，其他如忠、信、悌都是由"孝"延伸而来。在这种思想的支配之下，尊卑长幼、宗族伦理被合理化，人们的日常生活都被纳入到宗法体系之中。宗族制度的礼法伦常是专制统治的思想基础，因而受到封建统治阶级的高度重视。《礼记·太学》说："古之欲明明德于天下者，先治其国；欲治其国者，先齐其家；欲齐其家者，先修其身。"修身、齐家、治国、平天下，体现出儒家"家国相通"的观念，管理好家庭和家族是治理好国家的基础，家是国之缩影，国是家之扩大，家与国间，并无明确的界限，只是外延的变化而已。梁启超在《中国史界革命案》中说："二十四史非史也，二十四姓之家谱而已。"所以，封建社会所谓的国家，确切地说都是宗族国家，只不过国家的政权被一些大的家族控制和垄断，王公大臣们都代表着不同的利益集团，他们组成政权的联合体，共同执掌朝政。宗族国家的"国法"实际上是处于统治阶层家族的"家法"的综合与提炼。所以"国法"的理论基础是"家法"，"家法"经过演绎成为"国法"。最高统治者将国家作为一己之私产，世代相传，就是所谓的"家天下"，而这些观念形成的根源就是宗族制度。

## 二、畲姓的源流

　　家族由姓氏衍生而来，而姓产生于原始氏族社会。原始社会中若干氏族组成一个原始部落，部落内各氏族又独立存在，但各氏族之间有着密切的婚姻联系，姓就作为识别和区分氏族的特定标记符号应运而生了。中国最早的姓都带有"女"字，如姬、姜、妫、姒等，由此推测，早在母系氏族时期，姓就已经形成了，其作用是便于通婚与鉴别子孙后代的归属。《高皇歌》中有："盘蓝雷钟共祖宗"、"盘蓝雷钟好结亲"等说法，畲人这种"惟四姓相通"的族内婚姻习俗，均可见其深厚的族源观念，诸如其"民族即家族"之类的思想也因此形成。

畲族是一个历史悠久的少数民族，自古有盘、蓝、雷、钟四姓，关于畲族姓氏的由来，相传是畲族始祖龙麒卫国有功，高辛帝将三公主赐配与他，其婚后育三男一女，帝赐"盘装"的长子姓盘，名自能，受封南阳郡"立国侯"；赐"蓝装"的次子姓蓝，名光辉，受封汝南郡"护国侯"；三子"雷公云头响得好"，高辛帝"朱笔取姓便姓雷"，名巨佑，受封冯翊郡"武骑侯"；一女名淑玉，招婿姓钟，名志深，受封颍川郡"国勇侯"。这一说法，畲人世代相传，家喻户晓。畲家都认为在广东潮州凤凰山曾有四姓的"总祠"，江西《贵溪县志》载，畲族"每祭祖，则四姓毕集"。据福建福安范坑乡洋坑村《汝南蓝氏宗谱》记载，"顾我盘蓝雷钟四姓大宗祠肇基于广东凤凰山，与南京一脉相连，建祠之地即吾祖旧址也"，祠内四姓始祖"并列封牌位"。虽然，现在广东潮州凤凰山已经寻觅不到总祠的遗址，但闽浙畲民心里"总祠"的观念却是根深蒂固的。

从目前畲人的姓氏来看，他们主要是由蓝、雷、钟三个主要姓氏组成，盘姓畲族于今无传。据宗谱记载，唐光启二年（公元886年），畲人三百六十余人，随王审知由海路入闽时，盘姓一船被风刮走，不知去向，故盘姓于今无传。目前蓝、雷、钟这三个姓氏宗族构成了畲族主要的群体,我们通过对这三个姓氏的研究,可以看出畲人在源流、迁徙以及民族构成上的一些特征。

## (一)蓝姓

畲族的蓝姓应与蓝夷的演变和发展有联系,蓝夷是东夷族的一支,以种植蓝靛,习惯穿蓝衣而得名。在商代,蓝夷曾被商王仲丁、河亶甲征讨,《竹书纪年》载,商王"仲丁即位,征于蓝夷。"这也是蓝夷最早见于古籍的记载,《纪年》又载:商王"河亶甲整即位,自嚣迁于相。征蓝夷,再征班方。"仲丁和河亶甲皆为商朝初期之王,河亶甲为仲丁之孙。蓝夷的所在地,约在今山东淄川县城东南隅,因被商朝所逼,西退到陕西蓝田,所谓蓝田者,因蓝人种蓝靛于此,故称蓝田。蓝夷除有一部分留居蓝田外,其余的大都分别由蓝田沿着蓝关,经商洛走廊的民族迁徙通道而南迁。大约于春秋初期,大批蓝夷继续南迁湖南,所以湖南各地以蓝命名的地名较多,如岳阳县东有蓝田乡,至今仍有蓝家冲、蓝天寿、姑桥蓝、马榜蓝等地,而且这些地方都聚有许多蓝姓人口。蓝夷南迁至湖北、湖南又与瑶族融合,形成为瑶族大姓之一。他们先居于涟源蓝田即梅山蛮故地,又居于沅陵蓝溪即武陵蛮或五溪蛮地区,这两个地区正是唐宋时期瑶族形成的主要地区。以后又有大批蓝姓瑶人南迁至绥宁、常宁、蓝山的越人故地,并融合了一些干越、扬越、瓯越人的成份,他们以耕畲为业,形成了畲族,蓝氏便成畲族最大的姓氏。湘南的蓝人,有的仍是瑶族大姓,有的则融入了苗族,但更多的蓝夷因长期在楚国统治之下融入楚人,成为汉族的成员。

### （二）雷姓

雷姓出自方雷氏，为方雷之后，据宋人邓名世《古今姓氏书辨证》载，雷氏"出自古诸侯方雷氏之后，以国为氏，后单姓雷"。相传方雷为炎帝神农氏的第九代，黄帝伐蚩尤时，立下大功，被封于方山（大致为今河南省叶县南、方城县东北一带），其族称方雷氏，为古诸侯国之一，其子孙以国名为氏，为复姓方雷。周宣王时，方雷氏的后裔方叔任卿大夫，因奉命北征淮夷，南讨荆蛮，战功卓著，被追封为豫章伯。方叔有两子：长子启原姓方，次子擎姓雷。雷擎因战功官拜郎中丞，后弃职隐居洛阳雷州，子孙奉雷擎为受姓始祖。雷姓是一个典型的古老多民族姓氏，除汉族外，不少的少数民族中也有雷姓，如苗、瑶、彝、侗、畲、壮、黎、布依等族，但以畲族雷姓为众。根据《姓纂》记载，雷姓最多的地方是冯翊和豫章二地（郡），畲族雷姓均称源出冯翊郡。

### （三）钟姓

钟姓是畲族中一个特殊的姓氏，它介于畲族和汉族之间，是具有交融性的姓氏。根据 2007 年国家有关部门的统计显示，钟姓人口约为 440 万，约占汉族人口的 0.35%，在姓氏人口排序中位列第五十六位。钟姓是一个典型的南方姓氏，人口分布广泛，以广东、江西、四川、广西、湖南、浙江、福建、重庆、湖北等省份为多，其中，广东、江西、四川、广西四省，合占钟姓人口的 65%。其次是在湖南、福建、重庆、浙江。这四省市的钟姓又占据钟姓人口的 19%。广东居住了钟姓总人口的 26%，为钟姓第一大省。全国形成了两广、湘赣闽、川渝三个钟姓的聚集中心区。

关于钟姓源流说法尽管较多，但最为钟姓人认可的一种说法是源于"子"姓。子姓是商朝王室之姓，《史记·殷本纪》就记载，殷的祖先帝契被帝舜"封于商，赐姓子氏"。钟姓是殷朝贵族微子启之后裔。微子启，子姓，名启，商代时封国名微，故称微子。微子是黄帝三十四代孙，殷帝乙之长子，也是殷纣王庶兄。他见纣王沉湎酒色，不理朝政，多次上书进谏均遭拒绝，遂挂冠而去，隐居林泉。周武王姬发灭商，微子自缚衔璧乞降。《史记·宋微子世家》中说："微子乃持其祭器造于军门，肉袒面缚，左牵羊，右把茅，膝行而前以告。"周武王见他一片赤诚，动了恻隐之心，恢复了他原有的爵禄。武王即位两年卒，其子成王继位，由周公旦辅佐。公元前1062年，监视武庚的"三叔"①欺侮成王年幼，联合纣王之子武庚带头发难。周公旦平定叛乱后，武庚被杀，三监被废。成王封微子于商族发祥地商丘，国号为宋，以取代以武庚，示不绝殷商之祀。微子启被封爵位为公，准用天子礼乐祭祀祖先，从此他便成了宋国的开国之君。

微子启卒，因其子早死，孙子尚幼，根据周制"兄终弟及"，王位传其弟微仲衍。宋国的王位传到第十九宋桓公时，桓公的儿子敖在晋国任职，敖的孙子伯宗为晋国大夫，是位贤者，但因直言敢谏，得罪了当时执掌国政的权贵郤氏家族，结果被杀。伯宗有一个儿子叫州犁，逃奔到了楚国，

---

① 三叔：周武王即位后，封武庚管理商朝的旧都殷，为防叛乱，又其周围设邶、鄘、卫三国，分别由其三个弟弟管叔、蔡叔和霍叔管理，即三叔，史称"三监"。

成为楚国的大夫，后贵为太宰，受封食邑于钟离（今安徽凤阳东北部临淮关一带），其后裔子孙便以先祖封地"钟离"为姓氏，称钟离氏。唐代林宝的《元和姓纂》说："钟，宋微子之后，桓公曾孙伯宗仕晋，生州犁，化楚，食采钟离，因氏焉，子孙或姓钟氏。楚有钟仪、钟健。又钟子期与伯牙为友。项羽将钟离昧，昧中子楼（按："楼"为"接"字之误，行近而讹），亦单姓钟氏。"南宋末年文天祥，曾为江西赣县桃溪钟氏族谱写的序中说："钟氏出自微仲之后，至钟离接为颍川长葛①令，去离而姓钟，为钟姓受姓始祖。食邑于其乡。子孙蕃衍称盛。"对于钟姓的起源，林宝和文天祥这两种看法基本契合，不同自处在于他们对钟姓始祖的认定，一说为微子，另一说为微仲。其实微子与微仲是兄弟，微仲继承了兄长微子的王位，所以从食邑的传承看，微子为其始祖，从血缘传承看微仲为其始祖。钟姓是钟离姓的一支，所以追溯源头不管是钟离氏，还是钟氏都为宋国所孕育，故钟姓后世通常会尊微子启为远古始祖。钟姓还有不少是出自少数民族改姓，如北魏高祖时有羌人钟岂内附，满族钟吉氏、裕固族钟鄂勒氏改单姓钟，其他蒙古族、回族、彝族、白族、苗族、畲族等均有此姓，在这些有钟姓的少数民族中，畲族钟氏最多。

从钟姓的起源看，其发源于安徽，这与畲人姓氏传说中，钟姓畲人始祖钟志深，受封颍州郡的说法近似。钟姓大致在汉晋之际，以河南为其繁衍中心，其中迁入颍川的钟姓从一开始就著称于世，以钟烈为开基始祖，后成为我国各地

---

① 今河南长葛东北。

钟姓主要来源。先秦时期的钟姓主要居住在今湖北、湖南一带。从汉代开始，颍川长社一直是钟姓的发展繁衍中心。颍川郡在战国时期置郡，以颍水得名，治所在今河南禹州。西汉末，王莽篡权。刘秀起兵讨莽。族人钟桂集合族人追随刘秀讨莽，被汉光武帝刘秀封为镇蛮大将军。颍川钟氏名声大震，倍受时人敬仰。

在畲族的姓氏中，钟姓亦畲亦汉，是个特殊的姓氏。从神话起源看，钟志深是作为龙麒的女婿的特殊身份进入畲族群体的，这也赋予了了钟姓这样一个摇摆于畲族和汉族之间的特殊身份，神话中钟姓进入畲族的记述是钟姓畲人起源过程中形成的集体记忆，它是畲汉两个群体相互交融的反映，这种交融与其说是一种血缘的交融，不如说是一种文化的交融。

## （四）其他

正如《高皇歌》中唱道："当初出朝在广东，盘蓝雷钟共祖宗。"故畲人一直以来以始祖龙麒所生的三男一女，盘、钟、蓝、雷四姓为正统，不过畲姓并不局限于这四大姓氏，如浙江畲族有蓝、雷、钟、李等四姓，李姓一支，始祖李廷玉原籍福建安溪胡头人，因世乱奔逃福州汤岭，赘蓝色艳为婿，奉行蓝家习俗，据平阳县畲族各宗谱记载，其后裔景崇、景楮于明朝万历年间（公元 1573 年—1619 年）迁居平阳、五亩、枫树湾等地。福建福安畲族有雷、钟、蓝、吴、杨五姓，据《福安畲族志》载：吴姓畲族始祖法度，生于明成化十五年（公元 1479 年），原籍浙江泰顺九堡大路边。随父迁福安水月湾，娶妻蓝氏生二子，其子孙又娶雷、钟女子为妻。其语言、习俗都被畲族同化；杨姓畲族祖先是从浙江龙游迁入福安，娶畲族钟姓女子为妻，从而同化为畲族的。

## 三、宗族的集体行为

《高皇歌》中有唱："凤凰山上去安葬，孝男孝女尽成行"，可见畲族与和汉族一样，其宗族文化中也强调"孝道"，像建祠、修谱和祭祖这样的活动，就是为了弘扬家族或宗族精神的一种集体行为，这些行为不仅能够体现一个家族群体性和稳定性，同时也能彰显家族的地位和势力以及经济实力，所以是当时家族活动中的一大盛事，在人们的社会生活中占有极为重要的地位。

### （一）建祠

在中国古代封建社会里，家族观念相当深刻，往往一个村落就生活着一个姓，或一个家族，他们多建立自己的家庙祭祀祖先，这种家庙一般称作"祠堂"，它有宗祠、支祠和家祠之分。"祠堂"的名称最早出现于汉代，当时祠堂均建于墓所，曰墓祠，南宋朱熹《家礼》立祠堂之制，从此称家庙为祠堂。祠堂除了用来供奉和祭祀祖先，还有其他用处：（1）它是族长行使族权的地方，凡族人违反族规，则在这里被教育和受到处理，直至驱逐出宗祠；（2）族亲们有时为了商议族内的重要事务，也利用祠堂作为会聚场所；（3）各房子孙平时有办理婚、丧、寿、喜等事时，便利用这些宽广的祠堂以作活动之用；（4）另外，有的宗祠还附设学校，族人子弟就在这里上学。

畲族的宗族结构是：总祠（公祠）——支祠（同姓宗祠）——房——家。《高皇歌》中所唱的"盘蓝雷钟共祖宗"，是被畲人普遍接受的一种观点，畲谚云："山哈，山哈，不是同宗就是叔伯。"畲家认为"盘、蓝、雷、钟"四姓血脉相承，所以被视为同宗。至于"祠——房——家"的宗族结构与汉族相似，即"家"是组成宗祠的根本单位；"房"是以开基祖的各儿孙组成的宗族支派；"祠"是以地区开基祖为首的同姓子孙组成的。

畲家祠堂内除珍藏祖图、祖杖和宗谱外，还陈设祖牌。祖牌，俗称为"龙牌"，一个祖牌即表示一位先祖的牌位。祖牌置于祠堂正座的祖龛内，祖牌的修造和进龛都要选择吉日吉时，除宗祠始祖灵位，由祠堂众房共同捐资雕刻外，各房祖牌的雕刻，由各房自行出资。有的畲村没有建筑祠堂，仅以祖箱替代。浙江《建德县志》载"畲客之祠以竹箱为之，内贮祖先及香炉。""雷姓之祠有香炉五只，蓝姓之祠有香炉六只。"因蓝姓排行多雷姓一字，故多一个香炉。今畲家祠堂香炉一般均为六个。每个香炉的名称各不相同。蓝姓香炉分别称为：神仙、祖师、射猎、下座、仙童、战兵；雷姓香炉分别称为：众炉、神仙、祖师、下座、仙童、战兵。

## （二）修谱

家谱，又称族谱、家乘、祖谱、宗谱等，它是我国传统宗法制度的产物。家谱是一种以表谱形式记载某个姓氏家族子孙世系传承的特殊图书体裁，具有区分家族成员血缘关系及亲疏远近的作用。从家谱的发展历史来看，它是由早期记载古代帝王诸侯世系、事迹的表谱逐渐演变而来的，到了魏晋南北朝时,门阀制度盛行,家谱成了世族间婚姻和仕宦的主要依据,于是得以迅速发展。到了宋代,家谱的编纂也逐渐由官方垄断走向民间私修,故民间编撰家谱风气开始兴盛。

修族谱是我国特有的文化遗产,是汉文化的产物,有着悠久的历史,它在民族融合过程中,逐渐被各民族接受。畲人原本只是信仰始祖"龙麒",无编写族谱、家谱的传统,到了大约明清时期,畲族蓝、雷、钟三大姓也开始效法汉人,特别是客家人编修族谱。其修谱宗旨、体例皆如汉人,同时也效法客家的联谱之举,即把不同宗支的同姓人联系起来。受中原正统观念的影响,畲人编撰族谱也将自己的祖先出身归于中原贵族,如堂号盘姓为"南阳";蓝姓为"汝南";雷姓为"冯翊";钟姓为"颍州"。畲族修谱的行为不仅受汉文化影响,甚至有的族谱就是邀请汉族文人编修的,所以畲汉族谱在形式上差别并不大。

畲族宗谱的谱端,又称"谱头",一般都有《敕书》《历朝封赠》《广东潮州凤凰山总祠记》《龙首师杖记》等内容,并加配凤凰山总祠图,盘、蓝、雷、钟四姓始祖坟茔地望图等。畲族宗谱内,部分人丁还有"奏名",又称"醮名",俗称"法名"。男性奏名都冠以"法"字,如"法勤""法勇""法明"等,女性奏名一般配以"婆神"字样,如"淑妃婆神""明妹婆神"等。

## (三)祭祀

重视祭祀祖先,是中国传统礼仪的显著特点,其意义是慎终追远,佑福后代。祭祖的习俗源于商朝,商人十分崇敬鬼神,他们认为祖先虽然死了,但灵魂仍然存在,它能决定人的命运，可以降祸赐福与子孙，所以他们将祖先与天神、地祇一起祭祀。这种观念和行为对后世产生了深远的影响，因此也成为我国流传至今的传统风俗之一。

畲族比较看重祠堂合族祭祀的典礼。举行祭祀时，由族长或本族名望最高的人主持，礼仪非常隆重。祠祭一般分春秋两祭，也有的是一年一祭，祭日前一天，要整理并清扫祠堂，洗涤用具，摆设礼器，备办供品。一切准备就绪后，到了祭祀那天的子时开始放铳响，众人做好祭祀的准备。丑时铳炮响，每家每户的成年男子便手捧香烛供品，前往祠堂致祭。女性虽不参加祭祀，但可在一旁观看，进祠堂门时要半跪蹲行前往，将香烛祭品排列于供桌之上，再后退站在两旁。到了黎明时，开炮三响，祭典正式开始，法师设坛请天神安位，迎祖图、祖杖、族谱入祠、悬图、置杖、开谱，这叫请祖安位。这时鼓乐鞭炮齐鸣，由族长领唱《高皇歌》，边歌边跳"祭祖舞"，气氛热烈欢快。接着瞻仰祖图，宣读祭文，尔后按辈分依次向祖先礼拜。祠祭完毕后，举行迎祖游行，游行的目的是祈求祖先神灵赐福族人，以佑人丁兴旺，五谷丰登。迎祖队伍由龙头队、彩旗队、锣鼓队、刀枪队、舞蹈队组成。游行时，彩旗招展，锣鼓开道，一路鞭炮歌舞。其所跳舞蹈称"龙头舞"和"迎祖舞"，舞蹈中有三步一回头的动作，表示后代对祖先的怀念与崇敬。迎祖队伍所经之处，家家户户都会出门焚香朝拜，祈求神福降临。游行后，迎祖队伍最后还要返回祠堂。有的地方祭祀仪式长达两三天，法师代各户读"疏文"祈福，还要带参祭者跳"独角舞""铃刀舞"，最后行谢神礼、送神礼和封谱礼。祭祀结束后，各家户主带走自家香烛供品，以半跪蹲行退出，并将供品摆在家中祖龛上,接着参祭者聚宴一堂,祭祖仪式才算结束。此外,畲人编修完宗谱时,还要举行修谱祭,俗称封谱,仪式与祠祭类似,也是合族聚会,十分隆重。

## 四、宗族祭祀中的圣物

### (一)祖图

畲族祖图是畲人举行祭祖等仪式时必备的圣物,它包括畲祖图长卷、三清图、左右营兵马图、金鸡玉兔图、阴阳洞形象图、猎神图、祈求雨泽与镇煞度关图、五代容(畲族各支族"大小百千万"祖公、祖婆神像)等图像。它们各有功用,在举行祭祀仪式时需悬挂在特定的位置。

祖图中以"长联"最为珍贵,它以连环画图的形式来表现有关始祖龙麒的传说,实际上是图画版的《高皇歌》,如浙江省博物馆保存的清代《畲族祖图长卷》(1959 年征于浙江遂昌大柘),其卷长九百一十厘米,宽三十五厘米。今藏闽东、浙南、粤东的祖图多为清代物品,以麻布,土布为底,平图勾勒,浓墨重彩,以条状横幅长卷居多,画面配有文字说明,图文并举。长卷的内容大同小异,如绘于清同治九年(1870 年),由菰岭、高楼、官田、牛脚洋等村蓝氏裔孙公立祖图,共四十三幅图,系用整幅白绢布彩色精绘,其内容依次是:一、伏羲画八卦;二、女娲氏补天;三、开山盘古氏;四、神农食百草;五、钻燧取火;六、燧人氏取木造屋;七、制作衣冠;八、高辛帝登龙位;九、皇后耳痛三年;十、耳医取出虫来;十一、虫盛盘内奏皇后;十二、虫放盘内养;十三、虫变成龙麒；十四、燕王演武；十五、燕王兴兵；十六、本奏番王造反；十七、龙麒拆榜收番；十八、衔榜见驾；十九、龙麒领旨漂洋过海；二十、番王见龙麒甚喜；二十一、番王领酒大醉；二十二、醉卧榻上咬断首级而去；二十三、番兵追赶被仙官所遮；二十四、征番得胜文武官员迎接；二十五、龙麒将军将番王首级献功；二十六、假装公主被龙麒识破；二十七、龙麒咬定三公主衣襟不放；二十八、龙麒奏帝金钟变身；二十九、望恩楼期定七日金钟内变化成人；三十、龙麒被招为驸马洞房花烛；三十一、高辛帝赐封龙麒为忠勇王，奉旨荣迁；三十二、忠勇王迁居会稽山七玄洞驸马府；三十三、三公主生三男一女；三十四、高辛帝赐盘、蓝、雷三姓；三十五、赐三男一女免差徭；三十六、龙麒上闾山学法；三十七、出驾游山打猎；三十八、跌死岩头，公主奏帝驸马身亡；三十九、奉旨敕赐灵位；四十、建作功课，奉旨御苑；四十一、敕赐驸马公子御苑；四十二、龙麒公墓；四十三、回灵归府。

祖图上的题词，摘抄如下：

　　尝谓天壤间，万物取之而不穷者，盖人物之有祖宗，犹水之有源，若树之有本也。人物既本乎太祖，则尊祖之念奚贵。画祖图以传于后世，修族谱以畜于儿孙者，所以辨传承之远近，察统绪之异同欤？亦所以叙岁属、定尊卑、收涣散、敦亲睦者也。余阅昔有王章画祖图为供奉，丁兰刻木像事双亲，今之人羡之，可谓慕敬其祖，孝顺其亲矣。第知不画祖图为供奉者，谓之不孝，不修敕书族谱者，谓之不顺，亦曾知修族谱为孝顺，画祖图为供奉之本乎？若夫有功之祖而不书，则谓之弃祖；无功之祖而书之，则谓之诬祖矣。有耻先人之恶，而私附名人之族者，彼自视为智，余特视其不孝也，夫祖宗岂可择其贤者哉？不知天下有贵人无贵族者许多，有贱人无贱族者不少矣。要知贵贱之所以分，实在乎子孙有无能画祖图与有无能修族谱者耳。且夫人由人道而生者，常也，非人道而生者，非常也。世先有非常之人，必建有非常之功也。盖稽古姜炎帝者，牛首人身，此非常之人也。尝百草以甦众生之灵，树五谷而教力食之艺，世人蒙其泽，号为神农，生为非常之人，所以建非常之功也。余之画祖图、刊敕书、修族谱者，始知始祖盘瓠，出于五帝中朝帝喾高辛氏正宫刘皇后之耳。高辛氏者，前天文曲帝星君也，刘皇后者，后天禄存后星君也。盘瓠王者，刘隆娄金狗也。吴王者，乌成胃土维也。皆封盘、蓝、雷三姓者，元三台分也。

帝喾高辛敕赐驸马忠勇王三姓贰五朝孙，福建福州府侯官县蓝起斋谨识。[1]

畲族每年定期都要举行隆重的祭祀仪式，仪式举行时族人共聚祠堂，祠堂中要悬挂祖图，这是早期原始社会中图腾崇拜的残迹。一般祖图长卷悬挂于大门外两侧的墙壁上，其他图像则悬挂于正堂或"师爷间"。

---

[1] 《福州市畲族志》：海潮摄影艺术出版社，2004 年 12 月第 1 版，第 17—19 页。

## （二）敕书

敕书，又称《忠勇王开山公据卷牒》、《帝喾高辛帝赐盘瓠王开山公据卷牒》，简称"开山公据"、"开山谱"。敕书或单独用白布书写，或附于祖图前面，其文字长短不一，内容大同小异，其主要介绍：一是"龙麒"的经历，如出生、平番、被高辛帝招为驸马、娶三公主为妻，以及封为忠勇王等内容；二是忠勇王不贪宫廷荣华，奏请高辛帝赐其为农，开荒自耕，免纳地丁赋税、免派徭役；三是高辛帝准奏，允许龙麒子孙于天下所有民田三丈之外开荒自耕，不取赋税，永免差役等。个别敕书落款还立各房名字及时间。敕书与祖图一样，由族长保存，仅在"接祖"等祭祀时张挂，一般不对外公开。

## （三）祖杖

祖杖，亦称龙头杖。是畲族显示远祖权威的象征物，一般只在祭祖大典上才得以展示。祖杖用整株金橘树或油茶树制成，长约八十厘米，杖头稍大，尾部略小。杖首雕有粗犷勇猛、口含红珠的"龙麒"头像；有的称龙首，各地叫法不尽相同。祖杖平时用红布捆扎，供于祠堂大殿或祖厝大厅左边插屏柱上，举行祭祀时祖杖则安放于祖亭内的祖牌背后。

## （四）祖牌

亦称祖宗牌。木制，分须弥座和牌身两个部分，总高一百厘米，宽三十五厘米。牌首为浮雕，刻有龙头像，两侧装饰木刻花纹。牌中央自上而下刻"敕封盘瓠忠勇王神位"九个大字。一般上红色油漆,字及龙首贴有金箔。祖牌与祖杖为神圣之物,只有各支派或房派才能配置,个人不能供奉。祖牌在祭祀活动时摆出,并置于祖亭之中。

**(五)祖亭**

又称香亭。木制,高约一米七,长宽皆一米,造型与红轿相似,自下而上,分座、身、顶三个部分。前面留门,后面及两侧饰以木刻花纹,顶部自下而上缩小,终端装饰木珠。祖亭四个角装饰珠坠,制作十分精美。举行接祖仪式时,亭中安放祖牌、祖杖和香炉,并由四人抬行,平时藏放于祠堂或祖厝里。

# 第二节　礼俗:自我认同的仪式

在中国古代社会,"礼"是一种社会意识和观念,它具体表现为一整套的典章制度和道德规范。早期的礼有夏礼、殷礼,到了周成王时期,名臣周公旦创立了完备的礼法制度,并将它记录下来,成为《周礼》。《周礼》是一部通过官制来表达治国方案的著作,其中六官各有分工:天官主管宫廷,地官主管民政,春官主管宗族,夏官主管军事,秋官主管刑罚,冬官主管营造,全书涉及社会生活的各个方面,体系完备,内容丰富。书中有对祭祀、朝觐、封国、巡狩、丧葬等国家大典的记载,有对用鼎、乐悬、车、服饰、礼玉等具体规制的记载,还有对各种礼器的等级、组合、形制和度数的记载,所以周礼被后世视为礼之基础。在孔子的儒家思想体系中,作为观念形态的礼,与"仁"密不可分,子曰:"人而不仁,如礼何?人而不仁,如乐何?"①,这里的"乐"和"礼"一样都是一种制度,比如祭祀、宴客、朝见,都应当演奏不同的音乐,士卿、诸侯、帝王都应听不同的音乐,所以"乐"和"礼"也代表着一种等级和秩序。孔子身处乱世,诸侯各自为政,僭天子之职,相互间无道相伐,因此他力图复兴礼乐,希望挽回礼崩乐坏的混乱局面,所以孔子主张"道之以德,齐之以礼"②的德治和礼治,打破了"礼不下庶人"③的限制。然而,孔子同时也认识到,所谓礼乐,只是外在的形式,与之相比,代表人性根本和文化内核的"仁"更为重要,失去了"仁"这个内在核心,礼乐也就只省下一个无用的空壳,就不是真正意义上的礼乐了。所以,对于儒家来说,礼乐最重要的作用就是正人心,塑造完美的人格。孔子"礼"的思想对后世的影响十分深远,但真正对祠堂及宗族礼制产生直接影响的,还是宋朝理学中"家礼"的思想。家礼源于《周礼》,经《孔子家语》和《颜氏家训》的发展,在宋朝司马光的《书仪》和《家范》以及朱熹的《朱子家礼》中定型。此后,《朱子家礼》成为宋元明清及民国时期传统家礼的范本。家礼文本在形式上由序、通礼、冠礼、婚礼、丧礼、祭礼等几部分组成,冠、婚、

---

①　出自《论语·八佾》第三章。

②　出自《论语·为政》第三章。

③　出自《礼记·曲礼上》。

丧、祭四礼是主体。所以，家礼又谓之"四礼"。"礼"的具体表现形式就是"仪"，人们依据"礼"的规定和内容，形成一套体系和程序时，就成为了"礼仪"。家族里若有婚丧嫁娶等大事，都要以一定的仪式告知祖先，礼仪赋予了家族日常生活的庄重和神圣之感。在这种仪式之中，族人们不仅会对先祖产生尊重，对宗族产生敬畏，同时还会有一种族群归属之感，最终形成对这一民族的自我认同。作为日常社会生活之礼，各个民族因生活环境和历史境遇不同，而呈现不同的程序和形式。在一个人一生中，被社会认可最为重要的三个阶段分别是：成礼、婚礼、丧礼，以下我们将对畲汉民族这三阶段的礼俗进行比较，以此来突显畲人礼俗的特色。

# 一、成礼：礼之始也

汉民族实行的成年礼，分男子冠礼和女子笄礼，男子二十而弱冠，女子十五而及笄。据经书记载，冠礼实行于周代，按周制，男子二十岁行冠礼，但天子诸侯为早日执掌国政，多提早行礼，后世不同时期和地域行礼时间也有变化，民间自十五岁至二十岁举行都有。冠礼，是华夏民族嘉礼之一，《礼记·冠义》曰："冠者，礼之始也。"可见，冠礼是礼的起点。冠礼源于氏族社会的"成丁礼"，它是一个人成熟的标志，氏族社会通过这样的仪式，一方面认可男女青年正式成为氏族的一员，可以参加各项活动；另一方面表明其已成人，可以谈婚论嫁了。根据《仪礼·士冠礼》和《礼记·冠义》等文献，一场完整的冠礼仪式的具体程序和主要内容是：

（1）筮日。古代冠礼在宗庙内举行，日期为二月，冠前十天内，受冠者要先卜筮吉日，十日内无吉日，则筮选下一旬的吉日，然后将吉日告知亲友。

（2）筮宾。冠礼前三日，用筮法选择主持冠礼的大宾，按照中国传统礼俗，冠礼由受冠者的父或兄主持，但真正为这个青年加冠的则是一位德高望重或者是有福气的来宾。

（3）三加。"三加"是由"三加冠"、"三易服"和"三祝辞"组成的，此仪式为冠礼的主体部分。冠礼进行时，由来宾依次加冠三次，即依次戴上三顶帽子，先加缁布冠，次授以皮弁，最后授以爵弁。首先加用黑麻布材质做的缁布冠，表示从此有参政的资格，能担负起社会责任；接着再加用白鹿皮做的皮弁，就是军帽，表示从此要服兵役以保卫社稷疆土；最后加上红中带黑的素冠，这是古代通行的礼帽，表示可以参加祭祀大典。三次加冠，冠者随之要更换与冠相匹配的三套礼服，每次加冠毕，皆由大宾对受冠者读祝辞。《仪礼·士冠礼》中载："始加（冠）祝曰：令月吉日，始加元服，弃尔幼志，顺尔成德。寿考惟祺，介尔景福。再加曰：吉月令辰，乃申尔服，敬尔威仪，淑慎尔德。眉寿万年，永受胡福。三加曰：以岁之正，以月之令。咸加尔服。兄弟具在，以成厥德，黄老无疆，受天之庆。"

（4）取字。三次加冠完成后，宾以成人之礼向冠者敬酒，冠者首次得到成人礼遇。之后，受礼者拜见其母，再由大宾为其取"字"，《仪礼·士冠礼》："冠而字之，敬其名也。君父之前称名，他人则称字也。"由此可见，名是幼时起的，供长辈呼唤。字是供他人称呼的，取字的目的是为了让人尊重，标志着自己要步入社会，要出仕，一般人尤其是同辈和属下，只许称尊长的字而不能直呼其名。

（5）谢宾。冠者家庭谢正宾，先由主人向宾敬酒，称之为"献"；再由客回敬主人，称之为"酢"；再由主人把酒注入觯或爵后，先自饮，再敬宾客，称之为"酬"，合起来称为"一献之礼"，最后主人还要赠送宾客礼物，以表谢意，冠礼这才算全部完成。冠礼的仪式在明代还是非常盛行的，如《明史》等史料中都有朝野遵行冠礼的记载。到了清人入关之后，宫廷内不再流行冠礼，但民间则有附带于婚礼之中一并举行的，到了清末民初，冠礼逐渐消失。

与冠礼对应的笄礼，是汉族女子的成人礼。冠和笄都是头饰，它们是汉民族成人礼中具有象征意味的物品。笄就是簪子，女子在行笄礼时，要改变幼年的发式，将头发绾成一个髻，用簪子插住，以示成年，其仪式的流程与冠礼相似。

畲人没有专门的成人礼一说，但其"做醮"祭祖仪式，往往被视为"成人礼"。按畲族的传统习惯，男子年满十六就要举行"做醮"，又叫"度身"或"学师"，每个畲民都希望通过"传师学师"的祭祖仪式，继承先祖的意志和力量。这一仪式与畲人先祖龙麒间山学法的传说有关，学过师的人可取"法名"，称为"红身人"，未经仪式者则称"白身人"，只有"红身人"才有资格主持祭祖。学法者的父亲如已祭过祖，可由其担任"度法师"，在祭祖仪式上作为指导；如其父未经祭祖，则须另请已祭过祖者担任，同时还需五个已祭过祖的人共同襄助。畲人希望通过这种特殊的祭祀仪式，正式转变为宗教成员。"做醮"仪式多在冬季举行，具体日期由祭师择定，一般都在家中举行。仪式举行前，家人要从自己同姓同支的"祖祠"里挑回"祖担"，叫"游祖"。"祖担"是两个竹编的箱子,装着祖图、祖杖、祖簿、香炉、龙角、龙刀、铃钟等物件。祭祀时,厅堂中悬挂"祖图",神案上置放"祖杖",并按姓氏、辈分、排行、年龄,排列为数目不等的香炉,另外还要在红布条上书写祭祖者的姓名,系于祖杖之上。仪式由法师主持,法师用念唱、歌舞方式,叙述始祖学艺的艰难历程,唱罢引弟子三拜天地、始祖、本师公(学师前辈),接着参牒,取法名。法师还要传授头冠、衣衫、剑刀、号角、笏板、锣、鼓给弟子,要进行洗坛、置坛、坐坛、传渡、折坛、生筵等一系列仪式。祭过祖先的男人称为"法师",女的称为"王母娘"或"西王母",其中任"西王母"的女性年龄一般在四十岁以上,必须是夫家上代已有人当过此职,并有儿孙者。畲人习俗中,祭过祖者与未祭祖者的社会地位明显不同,未祭祖者,父死不得作为孝子治丧。一家之中,祭过祖的人越多,越受他人尊重。

　　成年礼作为人生发展阶段的标志性仪式,在各个族群的社会生活中都有不同程度的体现。作为本族的集体性仪式,畲汉两族的成人礼,虽然其仪式的内容和程式都带有各自的民族特色,显现出不同的文化内涵,但是两者对本族文化传承的目的是相同的,都体现了他们对族内个体生命的关怀,而且在各自传承方式上,也都采用了一系列象征和隐喻的方式,提示受礼者进行角色和身份的转换,他们通过复杂的仪式最终都完成了伦理教育。

## 二、婚礼:礼之大礼

　　中国古代称婚礼为昏礼,《礼记·昏义》中的"昏",原文作"昏",有"黄昏"之意,黄昏时日月渐替,含有"阳往阴来"的意思,故先民迎亲礼多在黄昏举行,因得此名。古代汉民族的传统婚姻习俗讲究"三书六礼","三书"指在"六礼"过程中所用的文书,包括聘书、礼书和迎书。"六礼"是指纳采、问名、纳吉、纳徵、请期和亲迎,它是求婚至完婚的整个结婚程式中的六个礼法。

(1)纳采。当儿女婚嫁时,由男家请媒人去女方家提亲,女家答应议婚后,男家备礼前去求婚。男家在纳采时,需将大约达三十种有象征吉祥意义的礼物送给女家;女家亦在此时向媒人打听男家的情况。

(2)问名。女家接纳提亲后,男家请媒人问女方的名字和年庚八字,发展到后世,也称换庚帖。

(3)纳吉。男家将女子的庚帖取回后,在祖庙或置于祖先案前,进行占卜以请吉凶,若得到吉兆,即双方年庚八字没有相冲相克的徵象,男家将派人到女家报喜。纳吉之后,婚事婚姻就算正式确定。

(4)纳徵。即男家遣人以聘礼送给女方家以成婚礼,故称完聘、大聘或过大礼。纳徵亦称纳币,"币"意为彩色丝,后世所谓"彩礼"的说法就源于此。纳徵以后,婚姻进入正式准备阶段。

(5)请期。由男家择定合婚的良辰吉日,然后备礼正式告知女方家,征求其同意。

(6)亲迎。即新郎亲自到女家迎娶。在结婚吉日,新郎穿着礼服,接受父亲赐酒,之后偕同媒人、亲友往女家迎娶新娘。女方家人在家庙设筵,在门外迎接新婿,新郎到女家前需到女家的祖庙行拜见礼,之后才用花轿将新娘接到男家。在男家完成拜天、地、祖先的仪式,之后送入洞房。

相对于汉族婚姻的礼俗,畲族的婚姻显得比较自由,他们每逢节日,男女青年参加集会活动,往往会进行集体盘歌(唱山歌)。畲族男女盘歌时,村寨里对歌的青年男女漫山遍野三五成群,他们以歌为媒,来表达各自的心迹和对意中人的爱慕之情。当小伙子看上一姑娘时就会先唱:"山歌唱来不会差,句句唱来劝妹呀。唱得水里见石子,唱得溪流水没哎。"姑娘若对小伙子有意,就会对:"要唱山歌两人来,家门搭起山歌台;哥若有心与妹对,妹今细茶冲将来。"如果姑娘不同意,则会唱:"阿哥唱歌难高音,句句阿妹听不清。畲山自有听歌人,望哥早早寻知心。"这类民歌,畲族人称作情歌,也有人称其为缔结姻缘的"缘歌"。随着多次约会,双方增进了了解,可互赠信物,私定终身,然后再告知家人。虽然双方在交往过程中已经建立了一定的感情,但要正式完成结合,仍需得到父母的认可,并由家人托媒提亲。畲人婚娶仪式的一般步骤是:

(1)提亲。由媒公(畲族一般由男人做媒)牵线,介绍男女双方情况。双方家长如同意,便由男方遣媒人到女家索取"订辰纸",请人合婚。合婚成功便决定相亲。

(2)相亲。畲语称"看人家",由媒人先领男方到女家"肸布娘"(看姑娘),如果女方对男青年有意向,媒人再领女方到男家"看人家"。

(3)定亲。又称"插定",双方"看人家"后,如都满意,则选定吉日,举行定亲礼。插定仪式男方需备面、鸡蛋、银器以及鞭炮、红烛等物,由媒公和本家叔(伯)送至女家,女家回赠以丝带、粽子等物,表示婚事已定。媒人放鞭炮,宣布姑娘已有人家了。

（4）送日子。俗称"送吉日",男家择定结婚日期,遣媒公随礼送至女家。女方核定成婚日子相合,按所定的日期开始筹办嫁娶事宜。

（5）送财担礼。娶亲前,男方把礼单上的物品如数送至女方,叫送财担。挑礼担者称"赤郎",由亲家伯领队,亲家伯俗称"行郎",要选会唱歌又机智的族人承担,他是婚礼仪式中男方的全权代表。亲家伯前往女家,会遭到姑娘们的百般刁难,所以他要能随机应变,巧于周旋。饭后举行对歌,女方歌手起歌头,亲家伯得马上应对。如果亲家伯的歌唱得不好,便会受到奚落,要求另换行郎来说亲。如果亲家伯的歌唱得好,女方则会重礼相待。

（6）娶亲。娶亲时,赤郎(迎亲的头)挑着酒菜、彩礼走在队伍前,陪同新郎到女家"叫亲"。临近女方门口时,女方的姐妹嫂子,将板凳、树枝等放在路上阻拦,称为"拦赤郎"。这时,媒人要放双响炮仗,并赠送红包一双,新郎才能通过。结婚那天,招待客人的宴席一开始是空的,要新郎唱一样,女方才会端上一样。大家都是静静地等待新郎的歌声,新郎唱一句,厨师和一句。一唱一和,筷子、酒、菜就会应声而来,这就叫做"调新郎"。宴席结束,新郎还要一样一样的唱,唱一样,厨师将桌子上的东西收去一样,直至全部收完。

按畲族传统婚俗,新娘在出嫁前要在娘家哭三天三夜,表达对父母多年养育之恩的感激以及对他们难以离舍的心情。新娘在梳"凤凰头"前,更要哭得死去活来,这不单意味着她要离开娘家,而且意味着她将要告别少女的时光。在离开娘家前,新娘还要吃"千斤饭"。在梳妆打扮后,新娘双手拿过两束筷子,交叉从肩头往后递给兄弟姐妹,每人传过后放在香案桌上,大哥端一碗米饭到新娘面前,她把那碗饭衔上三口,吐在桌上的手帕里,由哥哥包好装进新娘衣袋,带到夫家去。据说,这三口娘家饭,年年都能养一头千斤重的大肥猪,所以叫"千斤饭"。

起轿前亲家伯代表男方,向新娘的亲戚及厨师举杯行对盏礼,以表谢意,同时这也是向女方暗示快到起轿登程的时辰了。新娘花轿到了男家,在锣鼓声和鞭炮声后,由伴娘奉出祭具和祭品,在厅前祭拜祖先,新娘在轿子里唱《高皇歌》。

(7)下轿。轿至夫家,新郎捧红烛前往迎接,新娘由两女童扶出,从地上轮换铺设的布袋上走过,一直引入洞房,意为传代。在进入洞房时,门口放置瓦片、烧红的木炭以及糍,新娘从其上跨过,一是避邪,二是讨新娘带来好时运和生活过得红火的彩头,入洞房后吃太平面,寓有一切平安之意。

(8)拜堂。拜堂仪式在大厅举行,包括夫妻拜天地、祖宗和长辈等,最后为夫妻对拜。畲人拜堂有男跪女不跪的风俗,新娘除了在拜天地时下跪,其他如拜祖宗、拜公婆和夫妻对拜时都仅用手作揖,不必下跪,此俗是因龙麒与三公主举行婚礼时,三公主拜堂免跪之典故的沿袭。畲族女子戴上"凤冠"就是三公主的化身,具有崇高的地位,所以不需要下跪。

(9)回门。婚后第三天,新郎陪新娘回娘家,称回门。

回门时女方的亲戚要送太平面等点心,并轮流宴请。席间女方家长需逐一介绍女方亲眷,返回时,由娘家亲家舅陪送回家,男方会设席宴请亲家舅。翌年农历正月,再次回娘家,称"做大客",由岳父领着到新娘的外公、舅舅、姑、姨及叔伯等亲戚家拜年。

此外,畲族的婚姻制度基本是"一夫一妻"制,极少有重婚、纳妾现象,丧偶后再娶或再嫁则较汉族自由。婚姻的形式,除"女嫁男家"外,"男嫁女家"也较为普遍,其他还有"做两头家"。

(1)男嫁女家

畲民称男嫁女家为"抱儿子",男到女家,其家庭地位和财产继承权与家庭成员平等,不受歧视。有的人甚至会让儿子到他人家里做儿子,将女儿留在家里招女婿,这与汉族"有子不招婿"的观念相异。"男嫁女家"的婚礼与"女嫁男家"的大致相同,不同的是结婚时新郎多步行到新娘家,嫁妆多为农具。嫁到女方的男人,按传统族规要改称妻姓,子女也一律随妻姓。

(2)做两头家

做两头家也叫"做两头田",男女双方都是独生,夫妻婚后要两边家庭轮流居住,要种两家田地,要赡养双方父母。举行这种婚礼,多数没有嫁妆,双方自办家具,两家合并后要把对方祖宗的香炉接过来,与本家香炉一同摆放。所生的子女分别从父母姓,一般是第一个随母姓,第二个随父姓。

从畲人的婚姻看,他们男女较为平等,这与汉族有很大差异。这与畲家女子与男子一样参加生产劳动有很大的关系,如《长汀县志》载,畲客"种山为业,夫妇皆作"①,所以畲家男女在家庭中享有同等地位,在农事安排、家庭经济等问题上,女子都有发表见解和做决定的权力。除此之外值得我们注意的是,畲人的传统婚俗中有不与汉族通婚的习俗,像《高皇歌》中就用了很大的篇幅来传递"女大莫去嫁卓老"的思想,虽然在现实面前,畲汉通婚每代皆有,但从中我们还是可以看出畲族群体希望传承自身文化的决心和愿望。

纵观畲汉民族传统婚礼的模式,我们不难看出,民族间的文化基因在交流中发生了变异。与汉族以父系为中心的婚姻制度相比,畲族的婚姻制度中较多地保留了母系制度的痕迹,畲人婚俗中一些父系观念的渗入,与他们受汉族文化的影响是分不开的。

## 三、葬礼:人生终礼

葬礼是我国古代孝文化的重要组成部分,它是人生礼仪的最后一项。它表达了生者慎终追远,追念先人的情怀,荀子说:"礼者,谨于治生死者也。生,人之始也;死,人之终也。终始俱善,人道毕矣。"②畲汉两族的葬礼多以土葬为主,我国古代有女娲持黄土造人的神话传说,所以人们普遍认为人来自于泥土最终还将归于泥土,而民间传说中的阴曹地府,都是与土葬思想相一致的,古人这种入土为安的思想是农业社会恋土意识的集中体现。畲人葬礼的流程与汉

---

① 《长汀县志》卷三五,1940 年版本。

② 出自《荀子·礼论》。

族基本类似,只是在个别流程的仪式中体现出其特有的风格。

### (一)悬葬与火葬

从史料来看,畲人早期的丧葬习俗为悬葬和火葬。(1)悬葬,又称岩葬,《高皇歌》载:"龙麒身死在岩前,寻了三日都唔见;身死挂在树桠上,老鸦来叭正寻见。"龙麒悬树而终,所以畲人悬棺而葬有怀念先祖的意思。此法另一寓意是龙麒为天上星辰降世,"生不落地,死不落土"。早在沈莹的《临海水土志》①中就有畲民的先人——南蛮人"悬棺"的记载,由此可见,畲人悬棺而葬的习俗由来已久。悬葬通常的方法是:将盛有骨灰的陶瓮置于高处的石洞和田崖的石穴之中,外面叠乱石遮挡;或者在山上的半崖处挖掘土洞,将棺木置其中,洞口用石块和泥巴封堵,过三年或更长些时间取骨装于陶瓮,然后移葬他处。(2)火葬,大多见于明代的一些文献上,如戴璟的《广东通志初稿》中有关于广东畲民火葬的记载,"潮州府民有山拳(畲),曰猺獞。其种有二:曰平鬐、曰崎鬐。其姓有三:曰盘、曰蓝、曰雷。依山而居,采猎而食,不冠不履,三姓自为婚,有病没则并焚其室庐而徙居焉,俗有类于夷狄,籍隶县治,岁纳皮张。"②从中我们可看出畲人火葬的习俗,火葬与畲人频繁迁徙的历史有关,因为他们每迁一地,都希望与祖先同行,人体火化后,取其骨灰

---

① 《临海水土志》是三国东吴沈莹所著,是世界上最早记录台湾的文献之一,只是此书已经流失,主要内容记载在《太平御览》之中。

② (明)戴璟《广东通志初稿》,卷三五。

盛于陶瓮（俗称"灰瓮"），当迁往新址时将灰瓮带走，暂埋于新址附近山地，再迁时又将其掏出继续带走，直至定居后才择地正式安葬。畲人定居后，受汉族葬俗的影响，火葬习俗逐渐变为土葬。不过，其中的过程和细节跟汉人土葬有所不同。

### （二）二次葬

二次葬，即"二次捡骨葬"，又称"重葬"，它是畲族丧葬仪式中最有独特的地方，带有迁徙民族的历史痕迹。二次葬是在人死后，先用棺木土葬死者，第一次安葬时选址、仪式都较为简单，一般三年后，择吉日掘坟拾骨，并将之装入"金罐"，"金罐"放于岩石底下半年或一年后，挑选吉时吉地再次安葬。《嘉应州志》载："始葬者不必择地，俟五、六年或七、八年后，乃发圹启棺，捡取骸骨贮之罐中而改葬焉。"捡骨改葬之时，必用于布把骸骨擦干净，称为洗骸，故又称"洗骨葬"。

二次葬这种习俗是古代荆楚蛮、五溪蛮和百越民族的旧俗，晋张华《博物志》、《隋书·地理志下》、宋朝朱辅《溪蛮丛笑》等书中都有相关记载，可见这种葬俗在古代湘赣闽粤的一些地区是非常普遍的，待周礼兴起之后，汉人逐步建立了"入土为安"的观念，不允许挖掘祖先的坟茔，所以这种葬法在汉族中逐渐消失，但在少数民族中仍有保留。畲人把"太公骨"装入"金罐"挑往他乡，其实是一种无奈的选择，畲人自称"山哈"，意为居住在山里的客人，历史上畲人迁移频繁，所以他们也以"客"自称，他们在迁徙之时，为了不忘本源，拾起祖先遗骸随身携带，这表明他们对祖先的依赖，是其提倡孝行的一种行为方式,也是其崇拜祖先的一种深层表达。

## (三)讳名

畲人死后有讳名,其名按排行而定。讳名制度是畲人内部为了统一辈分,辨别族群及血统亲疏的一种做法。他们以祠堂为单位,每二十年排行一次,男的排行时称"郎",女的称"娘"。排行的方法是:先将这一时期出生男女的生辰进行登记,然后按辈分及出生前后分别进行排行。蓝姓以"大、小、百、千、万、念"六个字排辈分,但有雷姓无"念"、钟姓无"千"的说法,即只按五个字排行。所以讳名共包含有四部分信息,比如一畲人讳名为"蓝大十三郎",其中"蓝"是其姓氏;"大"是其排行;"十三"是其在本祠堂同辈男子中的行次;"郎"是其性别。畲人排行的目的是区别辈分与长幼,以便死后载入族谱,也是其族群自我认同的一种形式。

## (四)以歌代哭

以歌代言是畲人情感交流的主要方式,他们在生产生活和人际交往中往往以歌代言、以歌叙事、以歌言情、以歌示礼,畲人葬礼中的"以歌代哭"也体现了其以歌代言的文化特色。畲民丧仪中的风俗特点保存了一些原始遗风,一般认为畲人与长沙的五溪蛮有密切地联系,"哀乐与共"是楚裔系族聚居区的丧仪风俗。这显然与"邻有丧,舂不相;里有殡,不巷歌"①的儒家丧葬礼俗不同。畲人的丧葬歌又

---

① 出自《礼记·曲礼上》。

称孝歌、哭灵歌等，当族中成年人去世入棺后，灵堂两边会摆上长凳，凡死者下辈均入座唱哀歌，丧葬歌曲一般是独唱，一个人如泣如诉般娓娓道来，起到很好的借歌抒情的作用。整个灵堂没有嚎啕大哭，只有哀歌高吭，哀歌内容大都是缅怀祖宗、悼念死者、祈祷死者安息、歌颂死者生前为人与表达对死者的思念和尊敬，也有的是忏悔自己对死者的不足之处，而引起反驳的对歌，其曲调低沉悲切，催人泪下。在畲人整个丧葬中孝歌贯穿于始终，报丧时，奔丧者哭唱《思亲歌》，而且报丧者要反穿衣服，以引人注目；装殓时，要哭唱《落棺歌》；守孝时，哭唱《招魂歌》或《哭灵》；出殡时，要哭唱《起棺歌》，送达墓地回来时，要哭唱《回龙歌》。其他不同环节还有《讨位歌》《路祭歌》《劝酒歌》《跪祭歌》《进葬歌》《大离别》《小离别》等丧葬歌曲。

### （五）做功德

畲人五十岁以上过世，叫"过山了"，家属要为其"超度亡灵"，称为"做丧"，也称"做功德"，所谓"功德"是指儿女们感激和回报父母的抚育之恩。仪式融儒、道、佛为一体，主要是通过歌舞来完成的。"做功德"历史悠久，在畲民中广为流传，据《盘瓠世考》载："盘瓠被株尖所伤而终，殡后长腰木鼓，长笛短吹，男女唱歌，窈窕跳踢，舞弄者不能及。"畲人根据亡者的身份不同，"做功德"的仪式规模也不同。凡曾经有过"传师学师"的经历者，是一定要做功德的，这叫做"红身功德"，少则一天一夜，多则三天三夜；如果没此经历者，叫做"白身功德"，只能做一天一夜的功德；如果是水溺、火烧、刀伤等意外死亡者，"做功德"时还要加"拔伤"的仪式环节。做功德的每一环节都有一定的含义在其中,其程式很多,主要的有:(1)请神安祖。在家中布置功德场,法师先念咒语净化天地,后念唱恭迎神灵,以此安顿祖先,超度亡灵。(2)出白朝祖。超度后,亡者灵魂回来参加阴寿,子女要高唱哀歌。(3)行文烧香。这是做功德最核心的部分,是用舞蹈来表达"传师学师"中的内容。(4)收尾。收尾的格调与前三个仪式不同,它是哀伤洗礼之后的集体"狂欢",它分行孝、捞鹤、闹灶房、背老伽(送亡者上祠堂)四个段落。

"做功德"仪式的形式主要以对歌和舞蹈来表现,舞时其队形主要以绕棺、横队、纵队、四角站为主,舞者双方要配合,其舞蹈动作粗犷有力,节奏感强,最为突出的是身体要往下微蹲,曲膝行进时要富有弹性,这是做功德最有特色的舞步。做功德所用的道具,主要是龙角和灵刀。龙角有指挥作用,龙角一响,众人起舞。龙角之声浑厚、沉闷,会发出"嚓嚓"之声,能起渲染环境气氛的作用。灵刀被视为能捉妖驱鬼之神刀,龙角和灵刀的伴奏声,不仅使祭祀歌舞加强了节奏感,而且增添了神秘色彩。

"做功德"在畲族丧礼中具有特殊的意义,它是畲民生产生活方式、历史演变以及民俗文化心理的多重体现,比如其所表现出来的舞蹈动作就是对畲民农耕生活情景的提炼与表现,"行文烧香"环节是对畲族创业和迁徙历史的演绎。

"做功德"仪式是畲人崇拜祖先观念的表现之一,它不仅是畲人传承集体记忆的重要载体,而且也是其实现自我认同的重要载体。

# 第三节　节日:族群凝聚的纽带

## 一、节日概说

节日的起源与节气有一定关系,古时历法根据气候的变化特点,把一年划分为十二个月,二十四节气,七十二候,约三百六十五天,在《尚书·尧典》中有春分、夏至、秋分、冬至四节气的划分,到战国时代发展为二十四节气。中国自古以农为本,农业生产的季节性很强,春种、夏耕、秋收、冬藏,周而复始,这些节气反映的是农业生产的规律,对指导人们的生产生活起了积极的作用,同时也为岁时节日的产生提供了必要的前提,不过真正节日的形成还得有一定的风俗为其内容。就节日风俗而言,许多节日元素早在远古时代就已经出现了萌芽,如流传至今的春节、上巳、端午、中秋、冬至等节日,在先秦时已初步形成,这些习俗大多建立在原始崇拜的基础上,具有浓厚的宗教色彩。汉代儒家独尊地位确立以后,儒家伦理道德观念对节日风俗也产生了深远的影响,加之汉代大一统的局面,促进了各个地区风俗的融合。在汉代,中国主要节日都已基本定型,像屈原、介子推等历史人物成为一些节日的纪念对象,取代了之前原始的崇拜和信仰。魏晋南北朝是中国历史上政权更迭最频繁的时期之一,由于长期的封建割据和连绵不断的战争,造成了人口的大迁徙,迁徙的过程实际上是民族文化交流和融合的过程,比如一些佛教和道教的元素融入节日,还有入主中原的北方游牧民族在节日习俗中融入了杂技游艺等成分,这些都为这一时期的节日习俗增加了新的内容。在唐宋之前,过节有驱鬼除害,希望得到祖先庇佑之意。所谓"节",本意为"竹节",《说文》云:"节,竹约也",《易·说卦》曰:"其于木也,为坚多节",所以"节"也泛指草木枝干间坚实结节的部分,由此引申为"关节""关键"之意。"节"最初在古人看来是一个"坎",是好与坏、吉与凶的拐点,所以不少节日的时间都被视为"凶日",人们希望在这个时刻通过祭祀等手段平安度过这些"坎"。到了唐宋时期,社会经济和文化空前繁荣,民俗节日从禁忌迷信的神秘气氛中解脱出来,节日开始演变为真正的良辰佳节,成了欢乐的象征,之后节日又向礼仪化和娱乐化进一步发展,并更加讲究应酬性,节日在形态上基本趋于稳定。

从我国节日的演化中,我们可以看出以下特点:一是我国"天人合一"思想的集中表现。节日随自然物候的变化而变化,踩着自然的节拍,是对自然规律的认识和把握,同时节日以物喻人,强调人与自然的和谐;二是儒家价值观的体现。儒家的忠孝、仁义、礼智等价值理念在传统的节日表现形态中都有体现。所以,节日不仅是我国传统文化的载体,同时也是中华民族自我认同和凝聚的纽带;三是传承中的融合。中华节日文化根植于千年的农耕文化,虽然社会经济和文化环境发生变化,但是一些古老习俗仍被保留,表现出了顽强的生命力。当然,这并不意味着节日风俗是一成不变的,因为中华文化是开放和包容的文化,随着民族的交融,一个民族的节日风俗中也会不断地融入一些其他民族的风俗,同时在以汉族为主体的多民族国家里,汉族的传统节日,如春节、清明、端午、中秋等,在其他民族中也普遍流行。

## 二、畲人的特色节日

畲人传统的重要节日很多,有春节、元宵节、清明节、端午节、中秋节、重阳节、冬节等,这与汉族大致相同,但节日内容则有所不同。畲人特有的节日,主要为一年四季的祠堂祭祀活动,农历二月二的会亲节,三月三乌饭节,还有封龙节、招兵节等,这些都与他们的传统经济生活,以及图腾崇拜有着密切的关系。

### (一)会亲节

会亲节在农历二月二举行,是畲民仅次于春节的传统节日,主要流行于闽东的福鼎、福安等县,迄今已有二百多年的历史。"会亲"是指原来从福鼎、福安地区分炉至浙南、闽东各地的畲人,回祖地相聚,举行会亲活动。因为畲人族支繁衍,子孙省亲路远,探亲无期,所以便约定在每年农历二月二为"会亲节"。节日这天,人们从四面八方云集而来,访亲友、致问候,进入夜晚,当提灯游村的信炮发出时,人们成群结队,手提各式灯笼,贯穿行走于各个畲村,山谷中礼炮齐鸣、烟花绽放,处处歌声嘹亮、锣鼓喧天。畲人以歌会亲,以歌代言。盘歌开始时,对方若是远方生客,要先请其唱《高皇歌》，这是畲人区分族人的一种方式，同时也是畲人对祖先崇拜的表现之一。盘歌是会亲节的高潮部分，歌会往往通宵达旦地举行，他们兴致会越唱越浓，双方歌手肚里藏歌多少，是其功力高低的体现，所以为了难倒对方，盘歌双方会唱一些生僻的歌段，有的还会随口增编新词互相打趣。会亲节是畲人迁徙文化的产物，从中可以看出其崇祖情结和族群团结的文化品格，它是畲人强化族群凝聚力的重要纽带。

二月二是畲人的会亲节，而在汉族北方地区则将二月二这一天叫龙头节，南方地区叫社日节。北方民谚说："二月二，龙抬头；大仓满，小仓流。"这天一般处在惊蛰之后，大地回春，万物复苏，农耕在即，一切都是新的开始，被视为苍龙"登天"之日，俗称"龙抬头"。因为龙是掌管降雨的神仙，雨水的多少关系到一年的收成，而北方少雨，所以举行隆重的祭拜仪式，祈祷龙神赐福。北方"龙抬头"这天忌动针线，怕伤到龙眼；忌担水，怕惊扰龙的行动；忌盖房打夯，怕伤了"龙头"。而南方这天多流行祭祀社神，社神即土地神，土地是人赖以生存的场所，对社神的祭祀源于对土地的崇拜，这是我们先民原始崇拜的重要内容。所以，在我国不同的地域和民族，作为一个节日，二月二还显现出各具特色的内涵，虽然畲汉两族的"二月二"内容不同，但却有一定渊源，比如汉人"龙抬头"这天的禁忌与畲人"封龙节"的一些禁忌相似，可见他们之间对龙这一图腾的认同是一致的；还有畲汉两族都有祭祀土地神的风俗，只是汉人是在二月初二土地神生日这天祭祀，而畲人则是在正月初进行祭祀。

### (二)乌饭节

畲人每年农历三月初三举行乌饭节。这个节日来源说法不一,一说是为了纪念畲族始祖龙麒。因龙麒到凤凰山后常采乌饭草籽充饥,并常吃用乌饭草熬汁所煮的乌饭,后人为了纪念他,故煮乌饭祀奉。另一说是为了纪念畲族英雄雷万兴。唐高宗年间,雷万兴在福建漳州一带率众起义,连克数城,此举引起朝廷惊慌,遂派陈元光来闽镇压。因义军粮草断绝,被困深山之中,所以只好以乌稔甜果充饥,终获突围。几年后,正当农历三月初三,雷万兴想起当年的乌稔果,吩咐畲军上山采摘,恰值春天,乌稔树刚吐芽抽叶,未结果实,士兵们只好采回叶子,跟糯米一起下锅蒸煮。谁知这种呈蓝黑色的饭异常喷香可口,士兵吃后食欲大增,此法很快在畲民中流传开来。每年三月初三,畲人出门"踏青",采乌稔叶,蒸乌米饭,相沿成俗。还有传说是,雷万兴被俘入狱后,其母数次给雷万兴送饭,均被狱卒吃掉,其母无奈,只好以乌饭草熬汤煮饭再送,狱卒见饭黑乎乎的,不敢再吃,雷万兴终得一饱,待恢复体力后越狱逃跑,继续率义军与陈元光作战,直至牺牲,后人遂在其忌日煮乌饭以示纪念,后沿袭为过乌饭节。

传说是一个社会群体对某一历史事件或历史人物的共同记忆,从乌饭节的起源传说中,我们可以看出畲人崇拜先祖和本族英雄的文化传统,作为一个处在汉族文化包围中的少数民族群体,如何保持族群的自我认同和凝聚力,是其民族文化传承中的重要问题,乌饭节作为一个载体在这方面起了重要作用。

畲人乌饭节这天,具体的活动内容是,三月初三清晨,男女老幼都起早上山采摘乌稔树叶,乌稔树是一种野生植物,畲人取其叶煮汤,色呈黑色,然后将糯米泡在汤里数小时,捞起后放在木甑里蒸熟,装碗时加花生仁、红枣、芝麻等。这种乌米饭色泽蓝绿乌黑,并带油光,吃到嘴里香软可口。由于乌稔有防腐、开脾作用,所以将乌米饭用苎麻袋装起来,挂于通风阴凉处,可数日不馊。如果再加上猪油熟炒,更加味美可口,因此有"一家蒸,十家香"之说。畲人善歌,所以大大小小的活动都离不开唱歌,乌饭节除吃乌饭之外,赛歌活动也是节日的重要内容。赛歌时男女成群结队,云集歌场,盘歌对歌,畲歌的内容十分广泛,可以说是无所不歌,比如当来客用膳时,热情的畲家主人手拿桶盘,口唱敬酒歌,意在欢迎远方的来客,劝其多吃酒菜,客人们则会以红包相赠。夜幕降临,畲人围着篝火盘歌跳舞,男女青年以歌会友,以歌为媒,切磋歌艺。畲人节日燃篝火,这也是其原始崇拜痕迹的遗留,火是原始人类重要的生存工具,烧煮、取暖、抵御野兽都离不开火。作为刀耕火种的民族,火与畲民的生活十分密切,作为民族文化元素之一,它在畲人的许多民俗活动中都有体现。

### (三)招兵节

招兵节是畲族为纪念祖先而举行的宗教性节日,现流行于粤东及粤东北的畲族地区。《高皇歌》中有始祖龙麒取番王头后,被番兵追赶的情节:"割断王头过海河,番边贼子赶来多;枪刀好似林竹笋,追其唔着无奈何。番兵番将追过来,云露雾来似云盖;番边番兵追唔着,其追唔着往后退。"

之后,龙麒是在神兵的帮助下,才安然返国的。人们为了纪念龙麒,感谢神兵,每三五年便要举行一次"招兵",来向先祖献祭。粤东畲族举行"招兵"大典的时间不尽相同,如丰顺县凤坪村是在每年农历十二月二十四日前的吉日举行的;潮州石鼓坪一年分两次举行:第一次在农历除夕,主要进行"请神上表,安井谢灶,推龙谢土,请兵安营,大谢",称之"请兵节";第二次在正月初四,主要进行"请神、赏兵、祭符、散兵",称之"送兵节"。后凤凰山区畲民将"请兵"与"送兵"两节合并为五年举行一次,统称为"招兵节",活动时间定在农历的"大雪"至"冬至"之间的吉日,节期一般为三天三夜,以村寨为单位举行,附近的亲朋好友也应邀参加。

　　"招兵"仪式整个活动由师公主持,仪式相当复杂,仪式开始之前,要在祠堂前竖起一面有牙边的三角大龙旗,作为"招兵"仪式的标志。祠堂大厅中央用八仙桌设置神坛一座,坛有坛门,门前上书"闾山法院",两边书有"王母驱邪迎百福,闾山断案集千祥"的对联。坛内被供奉的最高位是玉皇灵符神牌,次为如来佛塑像,两旁左侧设青龙北帝,阖乡各家慈悲神牌,右侧设右镇进财丁、五海四海龙王神牌和本境各乡福主公神牌。坛前案上摆有各式素供和茶杯、酒杯、龙角、木鱼、铜缸、铜钹、铜铃、筊杯、戒尺、一方"太上老君敕"铜印等法器以及经书多册。坛内的神牌后面放置着各种表文和符箓。祠堂大门前的空旷地搭建"招兵台",台上设神坛,以米斗作香炉,由法师作法,烧香,磕头,掷杯。整个仪式又分起师请神、上奏文书、请龙安龙、安灶安井、招兵、赏兵粮、送神谢师等几个步骤。

　　(1)起师请神。法事开始,先起鼓,亦称"起师"。法师身着道袍,吹龙角,吟诵经文:"一声龙角胜洋洋,启告三清神玉皇,三清玉皇高上帝,太上五灵神老君,王母七千众神将,闾山三宫神九郎……"按神阶高低一一恭请道、佛诸神。每念一神,须烧纸,并在坛前掷杯,若掷出一阴一阳,便是胜杯,表示该神已请到,即吹角、敲锣鼓、焚烧纸马、衣、钱等,仪式非常繁琐费时。

(2)上奏文书。请神完毕,即转入向神上表阶段,由主持者颂表文一段,向诸神乞求庇佑信民,驱除天灾、地煞、瘟疫时灾。

(3)请龙安龙。法事主持人身着道袍,手拿小铜铃、钹、笺杯,由一位理事带领,敲锣打鼓,抬着神轿,往村内各个方位供奉的感恩大帝、协天大帝、三山国王、打猎先师、路头伯爷、龙尾爷等处,分别把象征每一福主的香炉放置神轿,抬到祠堂左侧神坛内供奉。接着是"安龙",其仪式是在祠内神坛前置圆形大簸箕,内用十多斤大米堆成龙头状,两龙角以扎成的两红巾表示,龙须用两根弯的香表示,龙眼以两鸡蛋表示,并用木托盘盛供品和香炉。主持法师念《安龙镇宅八场经》、《北斗地龙王经》,请七十四位龙王、十八位星君、东西南北中五岳圣帝等。然后,由坛内转向坛外,法师带上法器,由一理事等几人陪同,牵一象征有水的活鸭,至龙神神位,摆供品祭祀,安龙法事告一段落。

(4)安灶安井。家家户户搬来方桌,排列在祠堂前面本境福主众神之前,摆上三牲、果品、稞粿粄等供品,家中主妇明烛上香,轮番在神主前叩拜。法事主持在本境福主诸神前拜田君、安灶君,念诵经文。另一法师由理事带领,到村内最古老的一口水井旁做"安井"法事。

　　(5)招兵。是整个法事的高潮,气氛极为热烈。"招兵"仪式在祠堂门口的"招兵台"举行,台的一侧排着一大群挑着箩筐的主妇,他们是预备"送兵粮"的队列;另一侧排列着头扎青巾武士打扮的青壮年和锣鼓队等准备"接兵"的队伍。法师先吹奏龙角、敲击锣鼓、拍打戒尺、念经,接着请驸马王,祭祖,后请玉皇大帝、三清、太上五灵老君、王母娘娘、闾山真君及福州陈、林、李三奶等诸神。所招的九路兵中,五营兵马为:东营九夷兵,青旗;南营八蛮兵,红旗;西营六戎兵,白旗;北营五狄兵,黑旗;中营三秦兵,黄旗。左右两营兵马为:左营天仙兵,蓝旗;右营地仙兵,黄旗。本坛法主(即本村曾设过法坛的先祖法师),白旗;本地福主,红旗。法师做法时,依以上顺序,念各路兵之名,将两个蚶钱抛在案上,如一阴一阳,为应召,表示兵马已到,主持法师即把令旗抛下,由武士接住,众人簇拥,敲锣击鼓,绕祠内神坛一圈,并将旗插在坛上的米斗内。如此重复九次,直至招齐九路兵马。

　　(6)赏兵粮。三位法师转入祠内坛前做"安兵"法事。法师将插有九面旗帜的米斗移至厅中央的大簸箕。大群主妇挑着谷、米、盐,点着灯笼,鱼贯入祠,把一担担谷、盐摆在厅内,呈现出"夜送军粮"的壮观场面。一位法事主持人一边念道:"谨请闾山门下给粮下米发众兵",一边在簸箕中不断捣米,意在给各路神兵"赏钱粮"。

　　(7)送神谢师。法师身着袈裟,念《大慈大悲劝善经》,将请来的诸位神圣、先祖、本坛法祖、本村福主,一一送行酬谢。再由身穿道袍的法师念《上屋奏表》《普庵祖师光灯谢土真经》,边念边舞。直至第三天早上,"招兵"仪式才算结束,每户会备鸡鸭以及金银首饰到村口再祭,送别法师,法师一般只收鸡鸭作为报酬,不收金银。

"招兵"仪式是《高皇歌》中先祖神话故事的戏剧化重演,其中融入了本民族的宗教、信仰、民歌、舞蹈、武术等元素,从多个方面展示了畲人原生形态的文化风貌。从"招兵"仪式中,我们首先可以看出道教在其民族文化中的重要地位。从其供奉的神祇看,道教的神祇占的比例较多,如玉皇大帝、三清天尊、王母娘娘、三夫人等;其所颂的经文也多为道教经文;神坛设"闾山法院",显示其祖不仅有茅山之术,还兼修得闾山之术。茅山和闾山皆为道教圣地,茅山是中国道教上清派的发源地,又是道教上清、正一、全真多派共修共存之地。闾山是畲人信奉的陈奶娘——陈靖姑的学法之地,她拜许真君为师,学得设醮法,法力高强,能够斩妖除魔,庇护百姓。其次,我们从这一仪式也可以看出畲文化是道佛互相融合的文化。畲文化以道教为主,但也兼融佛教文化,如在招兵神坛中,还分别供奉如来佛、观音菩萨等佛教神祇;法事中法师所穿衣着既有道袍,也有袈裟。再次,该仪式是畲人崇祖文化的体现。畲人始祖龙麒的传说在其族群中世代相承,"招兵"仪式是这一传说,以及畲人先祖崇拜观念的形象化表现,它在强调族群自我认同和存在的同时,也在告诉后人不要忘记在困难中帮助过自己的族群。

**第三章**

## 符号信仰

—— 子孙万代记在心

# 第一节　图腾:远古走来的符号

龙麒和凤凰都是畲人的原始崇拜,在《高皇歌》中关于龙麒和凤凰的诗句比比皆是,如"皇帝圣旨封下落,龙麒是个开基人"、"凤凰山上去开基,作山打铣都由其"等。龙麒和凤凰这两个意象都与畲族的"开基"联系在了一起,可见其在畲族文化中有着深远的意义。

## 一、从原始崇拜到图腾崇拜

原始崇拜体系的形成是人类精神世界形成的标志,在人类发展的早期,原始先民茹毛饮血,本能地适应自然界的生活环境,与动物没有太大的区别,当他们拥有了自我意识,开始将自己外化于自然,就有了最初的自然崇拜。自然崇拜源于原始人类对神秘力量的恐惧和敬畏,他们认为自然界都是由神秘力量支配着的,所以诸如日月星辰、风雨雷电、河海山川、飞禽走兽都被他们崇拜和祈祷,这些都体现了原始人类对自然物和自然力的崇拜观。

自然崇拜是原始人类对事物的直接崇拜,当这些具体的事物被人格化,并作为神灵加以崇拜时,就发展到了神灵崇拜。神灵以具体的事物为本源,并在其基础上加以抽象,比如"河"被抽象为"河神","山"被抽象为"山神","鸟"被抽象为"鸟神"。这种被抽象出来的"灵"的出现，是原始人类抽象思维的萌芽。之后，一些兽类或禽类被进一步组合，成为了"异兽"，《山海经·西山经》中有许多关于异兽的记载，如赢鱼就是将两种动物特性综合而成的奇禽异兽，"鱼身而鸟翼，音如鸳鸯，见则其邑大水"。又如孰湖和人面鸮，就是兽类或禽类换上人的面孔，"有兽焉，其状马身而鸟翼，人面蛇尾，是好举人，名曰孰湖。有鸟焉，其状如鸮而人面，蜼身犬尾，其名自号也，见则其邑大旱。"当原始人类将这些经过想象的形象加以"灵化"，就发展为对异兽或异物的崇拜。

当这些"灵化"之物被部落或群体看作是保护自己的圣物，并将部族或群体的名称直接和某种灵物联系起来加以供奉和祈祷时，这就是所谓的"图腾崇拜"。图腾（totem）一词最早见于1791年英国人类学家龙格所著的《一个印第安译员兼商人的航海探险》一书。它是北美洲阿耳贡金人奥吉布瓦部族方言"奥图特曼"（ototeman）的译音，意为"他的亲族"或"他的氏族"。原始人认为某种动物或自然物是自己的亲属、祖先或保护神，因而用来作为本氏族的徽号或标志。图腾实际是一个被人格化的崇拜对象，它反映的是一个民族对自我的认知，这一现象广泛存在于世界各地。在我国，首先将"图腾"一词引进国内的是清代的学者严复，他在1903年翻译英国学者甄克思《社会通诠》时，把"totem"译成了"图腾"，该词因此成为我国学术界通用的名词。严复在该书的按语中说："图腾者，蛮夷之徽帜，用以自别其众于余从也。"严复认为图腾是群体的标志，旨在区分群体，运用图腾解释神话、古典记载及民俗民风，往往可获得举一反三之功。

　　图腾可以分为三大类,其中氏族图腾最为重要,它为整个氏族共有。其他还有性图腾和个人图腾,它们是为某一性别或个人所独有。氏族图腾看似是对动植物的崇拜,实际上是对祖先的崇拜,它与氏族的亲缘关系通常通过氏族起源神话和称呼体现出来。在我国氏族社会末期各部落都有自己的图腾,据史料记载,东南沿海一带,各部落多以鸟为图腾,史称"鸟夷"。《诗经·商颂·玄鸟》中说:"天命玄鸟,降而生商,宅殷土芒芒。古帝命武汤,正域彼四方。"所以商人的后代说自己的先祖是由玄鸟而生。郭沫若在《关于晚周帛画的考察》中也说:"凤是玄鸟,是殷民族的图腾。"又如侗族传说其始祖母与一条大花蛇交配,生下一男一女,滋生繁衍成为侗族祖先。在原始人群早期的思维中,并不明白生育的缘由,他们认为,生育是图腾入居妇女体内,死亡就是人返回自己的氏族图腾。这是图腾氏族的一个十分重要的观念。所以他们认为接触图腾,梦到或看到某物均可怀孕,故而古代神话中感生现象层出不穷,这是远古图腾生育观念的遗留,也是早期母系社会"只知其母不知其父"的表征。到了父系社会,一些神话则变为男性与雌性动物或是人格化的动物结合,这说明原始人群中已经有了"种"的观念,也就是他们男性意识的增强。从一些图腾形象看,有的不再以动植物原型出现,而是化身为人,比如盘瓠,就是半人半犬的形象,这种从"非人"到"人"的崇拜形象的转变,都可以看出原始人群主体意识正在逐渐增强。

　　当原始人类的思维进一步发展以后,他们发现人与兽之间存在很大差异,虽然他们不再认为图腾可以生人,但图腾作为其祖先的观念根深蒂固,于是就产生了图腾保护神的观念。这种观念在古代的民俗文化中都有体现。比如古代闽越族人崇拜蛇，"闽"字当中的"虫"，指的便是"蛇"，因古人称蛇为"长虫"。在明清时期，福州闽江沿岸的水上居民（旧称疍民），还保留着对蛇的崇拜，明代邝露《赤雅》记载："疍人神宫，画蛇以祭。"清初郁永河《海上纪略》说："凡闽船中，必有一蛇，名木龙。"又如《礼记·礼运》中说："麟、凤、龟、龙，谓之四灵。"这"四灵"形象在我国民俗文化的方方面面都有体现，它们也是我们古代华夏民族最具代表的图腾。

从图腾崇拜中，我们可以看出原始部族与自然的关系，动植物是用作图腾最普通的形象，其次是山川日月等自然之物。图腾并非原始人类对自然的无端臆想，而是基于对危险事物或神秘力量的惧怕和规避心理，以及对自然环境中实用之物的渴求心理而产生的。所以，图腾崇拜是原始人类对自然崇拜意识的延续，是生产力水平低下的环境中，他们将自然力或自然物作为主宰自己信仰的心理体现。

人的精神世界之形成，是人之世界与动物世界分离的根本标志，从原始崇拜到图腾崇拜，反映了人的精神世界从产生到成熟的变化过程。随着文明的进展，由图腾崇拜又演化出祖先和保护神等观念，这些都是影响我国文化精神构建的重要因素。

## 二、龙麒：畲文化中男性崇拜的图腾

在畲人的图腾中，龙麒是男性形象的体现。首先龙麒融合了龙的图腾，而龙是华夏民族男性形象的典型。其次，在《高皇歌》中龙麒成为高辛帝的女婿,体现的也是男性形象。龙麒被畲族人视为自己的始祖,《高皇歌》记述的就是关于龙麒的传说,其基本脉络是:高辛帝之妻忽患耳疾,御医从她耳中取出一条长虫,很快长成形如龙孟的奇物,高辛帝给他取名叫龙麒。不久,外境番王谋反,高辛帝告示天下,能斩番王头者,便将三公主嫁其为妻。龙麒揭下皇榜,前往敌国。一次他乘番王酒醉不备,咬下其头,回国献给高辛帝,被封为"忠勇王"。龙麒为与三公主结婚,将自己放入金钟内,最终变成人形。婚后龙麒不愿为官,不贪图享乐,携妻进山,搭棚而居,过着自由自在的日子。

《高皇歌》又称《祖源歌》,因口口相传,在不同地区或不同历史时期都有不同版本,这些不同版本的史诗对其始祖丰功伟绩的描述,其故事的基本脉络和框架是相似的,但关于其始祖的名称及形象却有不尽相同的记载,比如其始祖的名称有盘瓠、龙麒、龙犬、金龙等多种叫法。其始祖的形象在浙江省民族事务委员会1992年整理编写的《高皇歌》版本中,是"像龙像豹麒麟样"的"龙麒"。但根据潮州市雷楠、陈焕钧收集整理的《高皇歌》里,记载的又是"龙王",我们看到相关的文字是:

> 笔头落纸字算真,且说高皇的出身,当初娘娘耳朵起,先是变龙后变人。高辛娘娘耳里疼,觅尽无有好郎中,百般草药都尽医,后来变出一条虫。虫乃变出用盘装,皇帝日夜捡来养,二十四天给它食,后来变做是龙王。

而在袁珂先生《中国古代神话》中所载的则是"半龙半犬"的"金龙"。

> 当初出朝高辛王，出来嬉游看田场；皇后耳痛三年在，医出金虫三寸长。医出金虫三寸长，便置金盘拿来养；一日三时望长大，变成龙狗长二丈。变成龙狗长二丈，五色花斑尽成行；五色花斑生得好，皇帝圣旨叫金龙。①

而在《祖源歌》中"龙犬"则被命名为"盘瓠"。

> 话说古时高辛皇，皇后刘氏耳生疮，请来郎中割肿物，割出金虫三寸长。金虫外有蚕茧包，金盘装起盖上瓠；忽然电光雷鸣闪，金虫变成犬一条。龙犬降生吉祥兆，五色花斑尽炫耀；满朝文武皆欢喜，皇帝圣旨命盘瓠。②

盘瓠、龙犬、龙麒都是畲人始祖崇拜之物，这些图腾有人与兽的融合，如盘瓠；有"灵"与兽的融合，如龙犬。还有"灵"与"灵"的融合，如龙麒，因为不管是龙还是麒麟都属于异兽，本身都是多种动物形象的融合，所以"灵"与"灵"的融合无非是在强化对祖先神灵的崇拜。

图腾是远古居民认知和把握世界的一种方式，关于图

---

① 袁珂：《中国古代神话》，华夏出版社 2006 年版。
② 根据梅州市丰顺县蓝瑞汤收集整理的《祖源歌》。

腾原型的产生，它是一个从单一形象到复杂形象，从现实形象到超现实形象的演化过程。这一转变的过程带有一定的共性，比如我们汉族崇尚的龙，就是由多种动物形象合成的。这种异兽在漫长的历史过程中，经历了战争和联合，原始各个族群信奉的图腾逐渐被吸收、被融合到龙的形象中去，因此龙的形象日益复杂，最终被认为是由九种动物合成而成的"九不像"。九种合成的动物也各有说法，东汉学者王符认为，龙是由兔眼、鹿角、牛嘴、驼头、蜃腹、虎掌、鹰爪、鱼鳞、蛇身九种动物部件合成。而我们现今普遍认可的是虾眼、鹿角、牛嘴、狗鼻、鲶须、狮鬃、蛇尾、鱼鳞、鹰爪。可见龙的形象并非一成不变，而是在历史发展中不断融合与演化的。我们要想了解畲族，盘瓠传说是一个无法回避的问题，关于盘瓠的形象及其原型，应该也有一个演化的过程，对于盘瓠形象的认知，既是一种思维，也是一种心态。造成盘瓠形象从单一到复杂的原因有二：

其一，畲汉居民关系日益密切，汉文化影响日益加深。《平和县志》记载："盘瓠子孙，散处于闽粤辄间有之，饮食衣服局往来多与盖传渐远，言语相通，饮食衣服起居往来多与人同，猺僮化为齐民，亦相与忘其所自来矣。"[1]《建阳县志》记载："妻或无子亦娶妻，亦购华人田产，亦时作雀角争，亦读书识字，习举子业。"[2]这些文献都充分说明了畲汉居民经济文化上交流密切，在汉族强势文化传播之下，畲人深受影响，在生活习俗文化等方面都有向汉族趋同的现象。

---

① 康熙《平和县志》卷一二《杂览志》。
② 民国《建阳县志》卷八《礼俗志》。

其二，是为了获得更多平等的权益，不得已而为之的抗争。封建社会对弱小民族存在偏见与歧视，如嘉庆七年（1802年），福鼎童生钟良弼赴福宁府应考，书生王万年歧视畲族，串通生监，诬指"五姓（蓝、雷、钟、吴、李）禽兽养"，把他赶出考场。钟良弼遭辱不服，遂变卖家产上告，诉状历经县、府、省署，几度辗转波折，终得福建按察使李殿图明察，王万年被赶出衙门，钟良弼复考，后中秀才。类似"钟良弼事件"并非个案，从中可以反映出当时确实存在一些民族歧视现象。比如有人刻意对盘瓠传说进行曲解，借此之名对畲族进行污蔑，进而剥夺他们的合法权益。残酷的现实逼迫之下，导致畲民对盘瓠传说讳莫如深。于此同时，他们也不得不对盘瓠形象进行调整，以求社会的认同，所以此举实在是畲人不得已而为之的举措。不过，在畲人家族内部，他们对祖图、祖杖等圣物仍精心珍藏，遇到重大日子还会拿出来顶礼膜拜，但在平时不轻示于人。这种保留原始信仰与禁忌习俗的做法，显示了当时畲民既想坚持自我的传统，但又不得不面对现实的生存困境，这么一种复杂和矛盾的族群心理。

作为早期的狩猎民族，犬是畲民谋生的重要帮手，他们对其感情应该比非狩猎民族更为浓厚，这就像农耕民族对牛的感情，游牧民族对马的感情一样，都是一种天然的生存联系。从《高皇歌》以及一些族谱中，畲人都提到了其先祖龙麒被封为"忠勇王"，我们从这一封号可以看出，畲人对其先祖的"忠"和"勇"是高度认同的，其中还带有一种民族自豪的意味。但是，受汉族强势文化的影响，畲人对盘瓠传说进行了针对性的改造与解说，他们对原有的纯动物的原型，进行了顺应汉文化的重塑。从畲人图腾形象由原先单一的形象,逐渐演化成"龙狗"、"龙麒"等多元融合的形象中,我们却可以看出他们被中原正统文化同化的痕迹。尤其到了近代,畲人图腾的形象不是龙就是麒麟,或者就是天上的星宿,如《栝郡蓝氏宗谱》称之为"龙狗","乃是上天降下娄金狗宿也"。咸丰二年(公元 1852 年)云和县新处垟《雷氏宗谱》称盘瓠"字龙麒"。民国二十年(公元 1931 年)的《遂昌钟氏宗谱》则称其为"金龙"。何星亮针对畲族图腾形象的演变说过:"一些部落或民族在吸收了龙文化之后,并不是简单地以它代替自己原有的图腾文化,而往往是两者有机地结合,融为一体。他们在自己原来的图腾的基础上加上龙的某些特征,或把自己的图腾也称之为龙。"①从畲人把原来单一的图腾形象改造变成了"金龙"、"龙麒"等形象,我们可以看出畲族文化的符号中融入了汉文化的意象,这与中原正统文化的价值和审美取向都更加趋同了。

## 三、凤凰:畲文化中女性崇拜的图腾

畲族对凤凰的崇拜,来源于本族的传说,相传畲族的始祖因平番有功,高辛帝把自己的女儿三公主嫁给他。成婚时帝后给女儿戴上凤冠,穿上镶着珠宝的凤衣,祝福她像凤凰一样给生活带来祥瑞。龙麒后移居广东凤凰山繁衍生息,其后代以传说中美丽的凤凰为族人的图腾符号,凡生下女儿,均赐予凤凰装束,以示吉祥如意。畲家女爱穿凤凰

---

① 何星亮:《中国图腾文化》,中国社会科学出版社 1992 年版。

装,此袭世代相传。有些地方把新娘直接称为"凤凰",而且婚礼中,畲人有"男跪女不跪"的独特规定,这是他们传统观念中,把戴上"凤冠"、穿上"凤凰装"的新娘,就看做是"三公主"的化身,三公主是其民族母系始祖,具有崇高的地位,所以在拜祖宗牌位时新娘只需行作揖礼即可,不需要下跪。

## (一)畲人民俗中的崇凤现象

从目前畲族族源的传说以及传统习俗文化中我们都可以发现"凤凰"意象的存在。如凤凰山被看作是畲族的祖源地,《高皇歌》中说:"龙麒起身去广东,文武朝官都来送;凤凰山上去落业,山场地土由其种。……凤凰山上安祖坟,荫出盘蓝雷子孙;山上人多难做食,分掌潮州各乡村。"从诗歌中可见凤凰山是畲族的圣地,是其文化之根。从山的命名来看,也可见凤凰在畲族人心中的重要地位。

凤凰的意象不仅在叙事歌里有,在畲族日常的民歌中我们也随处可见。如新婚时的《酒令歌》:

> 一请凤凰飞过江,二请阿郎结成双。
> 三饮鸾凤交杯酒,四方庆贺凤凰娘。

又如《情歌》:

> 女:牡丹花哩野芙蓉,两花骨格不相同,
> 　　牡丹只许凤来采,只怕碰着贪花郎。
> 男:我郎不是贪花郎,乃是堂堂真凤凰,
> 　　原是凤凰山上出,祖公龙麒名远扬。

　　从以上民歌中，我们看出畬人擅长将自己崇拜的意象，有机地融入到歌曲之中，尤其在《情歌》中，他们不仅融入了凤凰的意象，同时还融入了龙麒的意象。

　　崇凤意识还体现在畬人的服饰之中。畬族妇女最具特色的服装称"凤凰装"。凤凰装由凤冠、凤凰衣和凤凰鞋三部分组成，从服装的形态显然可以看出它是对凤凰形象的模仿。用红头绳扎起高高的发髻上戴着象征着凤凰的头冠；红头绳扎起的高头髻，象征凤凰髻；衣领、衣边和两袖，均用桃红、大红、杏黄色绣以较宽的图案花边，象征着凤凰的颈、腰和羽毛；扎在后腰金黄色的织锦花带，象征着凤尾；佩于周身的银饰叮当作响，象征着鸾凤和鸣。畬族女子的"凤凰装"分大、小、老三种，随着年龄的不同，有严格的区分："小凤凰装"为未成年女子穿着，样式和穿法同"大凤凰装"无异，只是相对简约，显得单纯活泼；而"老凤凰装"则是老年妇女穿着，头髻较低，衣服和腰带的颜色、花纹也较为单一，体现出庄重沉稳的特性。凤凰装以闽东诸县最有特色，一般为大襟衫。其共同特点是上衣多刺绣。尤其是福建福鼎和霞浦的女上装，在衣领、大襟、服斗甚至袖口上都有各色刺绣花纹图案和花鸟龙凤图案。但各地的服装又略有不同。福安的凤凰装上衣沿服斗的边上缝一条三至四厘米的红布边，边下端靠袖头之处绣半个方形的角隅花纹，畬家称这是上古高辛王赐封时所盖的金印。福鼎女服在右边襟袖间有两条比衣襟还长的红色绣花飘带。霞浦县畬女上衣尺寸特异，即前后裾等长，大襟上有服斗，小襟上也连做一个服斗，便于翻穿，做客时穿正面，日常在家穿背面，同时衣服按绣红色花边的多寡分为"一红衣"、"二红衣"和"三红衣"。

在畲人的居住环境中,也有崇凤习俗的体现,位于福建省福州市东北部的罗源县,是福建畲族主要聚居地之一,目前该县的霍口福湖村还较为完整地保存着不少有畲族特色的古民居,该村有八处清代古建筑群,特别是以雷家大院和蓝家大院为代表的建筑群气势磅礴,建筑内部装饰有大量精美的细部雕饰,房梁、窗棂、石墩,甚至木门的拉锁都雕刻有精美的图案。从这些纹案来看,它们或抽象或具象,都有凤凰意象的存在。畲族的"凤凰"崇拜绝非偶然,"凤凰"文化意象的出现有其特定的文化土壤和历史根源,由此折射出他们古老而又独特的女性崇拜文化。

### (二)畲汉崇凤同一的文化渊源

华夏民族源远流长,在卷帙浩繁的古典文献中,对"凤"的记录很多。从这些文献中,我们可以看出畲汉民族崇凤具有同一的文化渊源。

从《高皇歌》中,我们知道畲族始祖龙麒和高辛帝的亲缘关系,而高辛帝是东夷部落的一支,其始祖少昊是东夷首领,而东夷部落就有崇拜凤鸟的传统,据《左传》中的记载:

> 我高祖少昊挚之立也,凤鸟适至,故纪于鸟,为鸟师而鸟名。凤鸟氏,历正也;玄鸟氏,司分者也;伯赵氏,司至者也;青鸟氏,司启者也;丹鸟氏,司闭者也。祝鸠氏,司徒也;䳡鸠氏,司马也;鸤鸠氏,司空也;爽鸠氏,司寇也;鹘鸠氏,司事也。五鸠,鸠民者也。五雉,为五工正,利器用、正度量,

夷民者也。九扈为九农正，扈民无淫者也。自颛
顼以来，不能纪远，乃纪于近，为民师而命以民事，
则不能故也。①

《诗经》里所说的"天命玄鸟，降而生商"，讲的就是高辛
帝次妃简狄吞玄鸟卵生契的故事。《史记》中关于此事的文
字更为详尽：

殷契，母曰简狄，有娀氏之女，为帝喾次妃。
三人行浴，见玄鸟堕其卵，简狄取吞之，因孕
生契。②

在远古时期玄鸟的初始形象类似燕子，后来随着氏族
部落不断地发展和融合，它的形象逐渐演变，基本统一成为
凤凰。如在屈原笔下玄鸟即为凤凰，他在《天问》中写"玄鸟
致贻"，而在《离骚》中则称"凤皇受诒"。

简狄在台，喾何宜？玄鸟致贻，女何嘉？（《天问》）
望瑶台之偃蹇兮，见有娀之佚女。吾令鸩为
媒兮，鸩告余以不好。雄鸩之鸣逝兮，余犹恶其佻
巧。心犹豫而狐疑兮，欲自适而不可。凤皇即受
诒兮，恐高辛之先我。（《离骚》）

① （春秋）左丘明：《左传·昭公十七年》。
② （汉）司马迁：《史记·殷本纪》。

　　由此可见，在屈原作品中"玄鸟"与"凤凰"为同一事物。殷契被认为是商人的始祖，高辛帝则是商族的第一位先公，从这些文献中，我们不仅可以看出东夷部落与凤凰图腾的文化渊源，同时也可以看出畲人崇凤的历史渊源。

　　凤凰是畲族图腾，也是汉族的图腾。在汉文化中，凤凰的起源大约是在新石器时代，我们在原始社会的彩陶上看到的鸟纹或许就是凤凰的雏形。在距今约 6700 年的浙江余姚河姆渡文化中出土的象牙骨器上，就有双鸟纹的雕刻形象，这应是古代凤凰的最早形象。在中国的象征文化体系中，凤凰是完美主义的化身，凤凰文化的精髓是"和美"。我们在《山海经·南山经》中可以看到凤凰被描述为："其状如鸡，五采而文，名曰凤皇，首文曰德，翼文曰义，背文曰礼，膺文曰仁，腹文曰信。是鸟也，饮食自然，自歌自舞，见则天下安宁。"因此，凤凰被看作是具有"仁义德顺信"的"五德之鸟"，这里我们可以看出儒家的文化符合——和，在凤凰意象中的呈现，同时它又与道家强调的"天道自然之和"即"天和"相一致。凤在汉文化中寓意深远，"凤鸟不至，河不出图，吾已矣夫。"（《论语·子罕》）孔子以此感叹当时各诸侯国争雄称霸，礼崩乐坏，天下大乱。《史记·五帝》中记载，帝舜任用贤能，天下大治，"于是禹乃兴《九招》之乐，致异物，凤凰来翔"。明朝王世贞在《钦鸟行》写道："飞来五色鸟，自名为凤凰。千秋不一见，见者国祚昌。"可见古人认为只有在天下太平，君道清明，国运盛昌之时，凤凰才会出现。不过，随着汉族社会等级观念的日益加深，凤的形象从图腾之物变成了彰显至高无上的皇权的象征之物。闻一多在《神话与诗》中认为，图腾式的民族社会早已变成了国家，而封建王国又早已变成了大一统的帝国,这时一个图腾生物已经不是全体族员的共同祖先,而只是最高统治者一姓的祖先,所以我们记忆中的龙凤,只是帝王与后妃的符瑞,和他们及她们宫室舆服的装饰"母题",一言以蔽之,它们只是"帝德"与"天威"的标记。[①]

从形态以及文化内涵上看,畲汉文化中的凤凰有着相同的文化渊源,它们在各自的传承中不断地融合演化,最终固化,只是最后汉文化中的凤凰演化为一种皇权的象征,而畲文化中的凤凰则是民俗之中的祥瑞符号。

# 第二节　数字:深层意识的符号

## 一、数在中国传统文化中的内涵

数字是一种计数的符号,也是一种文化的符号,同一个数字,兼有这两大符号系统,它们既有联系,又各有其意。中华民族文化源远流长,数是我们文化中一个重要的内容,在汉字中,数字的文化符号意义早于计数符号的意义,这与不少国家纯粹计数的符号不同。汉字中作为计数符号的数字最初都是假借其他的汉字(也就是作为文化符号的汉字)

---

① 闻一多:《神话与诗》,上海人民出版社 2005 年版。

而来,古人在假借之时,其实已经将自己的思想和观念渗透其中了,所以数字中蕴含的深刻寓意是我们民族文化特征的展示,它可以反映我们民族深层意识下的文化心理。

### (一)数始于一

《太平经》云:"一者,数之始也。""一"是最小的自然数,古人认为它是万数之始,万物之源,所以很尊崇"一"。《老子》说:"道生一,一生二,二生三,三生万物。"所以道家认为"一"是宇宙的本原,为天地原始混沌之气。孔颖达在《周易正义》说:"太极谓天地未分之前,元气混而为一,即是太初、太一也。"所以,在古代哲学中"一"又指太极,有"元"、"初"、"开始"之意。

"一"由数之初,进而引申为序列第一,我国自魏晋以来实行九品中正制度,把官衔分为一至九品,一品为最高。科举制度中,殿试后按成绩高低分一甲至三甲,一甲为最优。我们现在日常生活中所说的"第一流""一品锅"都是"一"作为序列第一使用的语言留存。由"第一"之意,又引申为"独一无二",进而表达至尊与至高的意思,如"一人之下万人之上"中的"一"指的就是天子。

"一"即可理解为最大,也可以理解为最小,顾炎武说:"一为数之本,故可以大名之,一年之称元年,长子之称元子是也。又为数之初,故可以小名之,骰子之谓一为幺是也。"①这体现了中国古代辩证的哲学思想。老子说:"曲则全,枉则直,洼则盈,敝则新,少则得,多则惑。是以圣人抱

① (明)顾炎武:《日知录》卷三二。

一为天下式。"①这里的"一"就体现了辩证对立的统一,所以"一"又可引申为"全、满、整体"之意。范仲淹《岳阳楼记》中"而或长烟一空,皓月千里",杜牧《阿房宫赋》里"一肌一容,尽态极妍"中的"一"就是"全、满"的意思。而我国古代"天人合一"思想中的"一"指的则是整体的意思。

### (二)偶数之始

《说文》:"二,地之数也。从耦一,会意。"古人认为一切数字都是从天地之数中衍生出来,奇数属于天数,偶数属于地数。"二"是古人阴阳思想的体现,《周易·系辞上》:"易有太极,是生两仪。"两仪也指天地间的阴阳之物。天地、男女、上下、美丑都是"一分为二"的阴阳思想的具体表现。"二"表阴阳、男女,所以又与婚礼联系到了一起,《礼记》云:"昏礼者,将合二姓之好,上以事宗庙而下以继后世也,故君子重之。"②因为"二"是偶数之始,有双的寓意,我们希望好事成双,所以在婚礼中偶数占有绝对地位,婚礼的时间、迎娶、陈设都要取双数,要贴"囍"字,取双喜临门的彩头。日常生活中我们还常会用"双"字表达赞美之意,如文武双全、才貌双全、福慧双修等,这些用法我们至今仍然沿袭。

### (三)物成于三

"三"在我国古代哲学思想中占有重要地位,《周易》中每个卦都由三个爻组成,后人在解释《周易》时受"三"的启

---

① 《道德经》第二二章。
② 出自《昏义》,是《礼记》第四四篇。

发,形成"三才"思想,这一思想渗透到我们古代文化的各个方面。"《易》之为书也,广大悉备,有天道焉,有人道焉,有地道焉。兼三才而两之,故六。六者非它也,三才之道也。"①《说文》云:"三,天地人之道也。"中国传统文化中"三"是神圣、尊贵和吉祥的象征,如"三皇"(天皇、地皇、人皇)、"三教"(儒、释、道)、"三尊"(君、父、师)、"三元"(会元、解元、状元)、"三光"(日、月、星)、"三星"(福星、禄星、寿星)、"三友"(松、竹、梅)等,古人"以三为法"的表述不胜枚举,这些用法都体现了古人对"三"的重视和崇拜。

### (四)四方和谐

"四"是二的倍数,体现成双成对和双偶的意思,它在字形和字义上都体现出我国传统审美的均衡与和谐。《周易》云:"两仪生四象","四象"指的是太阳、太阴、少阳、少阴,也指四个方位,古人认为大地的格局是四边形的,"天地四方曰宇,古往今来为宙。"②"四方"显得平稳和谐,所以我们汉字外观也是"四方"的方块字,我们古代的建筑、器物、图案也崇尚方圆结合,如北京的四合院就体现一种"天圆地方"的思想。

郭沫若先生在《卜辞通纂考释》中提出:"初民以四进位,后改为十进位。"所以,古人们常用"四"的观念来看待万事万物,在时间上,有四时或四季(春、夏、秋、冬);空间上,有四方(东、南、西、北)、四面、四野、四海、四周;礼制上,有

---

① 出自《易传·系辞下》。
② (战国)尸佼:《尸子》。

四维(礼、义、廉、耻);语言上,有四声(阴、阳、上、去);书籍有,四库(经、史、子、集)、四书(《论语》《孟子》《中庸》《大学》)、四史(《史记》《汉书》《后汉书》《三国志》);文房有四艺(琴、棋、书、画)、四宝(笔、墨、纸、砚);人的生辰,叫八字,又称四柱(年、月、日、时);儒家的思想中有"四端",孟子说:"恻隐之心,仁之端也;羞恶之心,义之端也;辞让之心,礼之端也;是非之心,智之端也。"这一思想对后世影响极大;佛教思想中有四谛(苦谛、集谛、灭谛、道谛)、四苦(生、老、病、死)等说法,佛教还认为一切物质都是由地、水、火、风四大基本元素所生,用"四大"来概括事物,在我们日常用法中非常普遍,如四大发明、四大金刚、四大名著等,足见"四大"思想对我们文化的影响。

汉语表达中,四字组合能言简意赅的表达出一个意思,有节奏感,而且琅琅上口,如《诗经》中就以四字句居多,训蒙的书籍像《百家姓》和《千字文》都由四字句组成,汉语中成语也以"四字格"的形式为主。在古人意识中,"四"象征着平稳、和谐与圆满,是颇为人们青睐的数字。

### (五)中正之数

"五"在阳数中,居正中,在《周易》中"五"正好处于上卦之中,所谓"中位",即"得中""得正",这也符合儒家崇尚中庸和中正的思想。《说文解字》说"五,五行也,从二,阴阳在天地间交午也"。古文字"ⵝ"由"二乂"组成,上下两横,象征天地,"乂"则象征天地阴阳相交。我国古代思想家用"五行"这五种物质来说明世界万物的起源,《尚书·洪范》说:"五行:一曰水,二曰火,三曰木,四曰金,五曰土。"在五行哲学思想的渗透下,古人将"五"推衍到伦理道德、人体构造、天文地理等方方面面,如五伦(君臣、父子、兄弟、夫妇、朋友)、五方(东、西、南、北、中)、五色(青、赤、黄、白、黑)、五音(宫、商、角、徵、羽)、五谷(麦、菽、稷、麻、黍)、五脏(心、肝、脾、肺、肾)、五官(耳、目、口、鼻、身)等,形成了丰富的"五元"语汇系统。

### (六)老阴之数

古人将数分为阴阳,一、三、五、七、九为阳,象征天;二、四、六、八、十为阴,象征地。阳数为生发、扩张的,其中九最大,为老阳;阴数是收缩、内敛的,其中六为至阴,因而"六"被称为老阴之数。在中国传统文化里,"六"是个吉数,它与"禄"谐音,是福禄的象征,《左传·隐公三年》:"君义,臣行,父慈,子孝,兄爱,弟敬,所谓六顺",所以民间有"六六大顺"的说法。其他与"六"相关的组合还有:以"六合"(上、下、东、西、南、北)来泛指天下或宇宙;以"六亲"(父、母、兄、弟、妻、子)来泛指亲属;以"六礼"(纳采、问名、纳吉、纳徵、请期、亲迎)来体现古代婚姻需备的六种礼节;以"六书"(指事、象形、形声、会意、转注、假借)来归纳汉字的构成和使用方式;以"六畜"(马、牛、羊、鸡、犬、猪)来合称与我们日常最为密切的家畜等等。

### (七)七日来复

数字"七"最初是假借古"切"字的字形而来,为了区别,古"切"字才在右边加了一个刀字。七虽表数字,但其依然有"切断"的意思,在此基础上它还与某种周期和最后期限联系起来。《周易》的"复"卦云："反复其道，七日来复，利有攸往。"《象传》说："反复其道，七日来复，天行也。""复"意味着反复和周期，而"七日来复"意味着，这个天地运行的周期也是以"七"为限的。

《周易·系辞下》曰："古者包牺氏之王天下也，仰则观象于天，俯则观法于地，观鸟兽之文与地之宜，近取诸身，远取诸物，于是始作八卦，以通神明之德，以类万物之情。"《周易》中以"七"为限，或与古代重视和崇拜北斗七星有关，七就是天数，也是天象的基数。以七为基数，结合天有"四象"，就形成了二十八星宿。二十八星宿代表了整个天体，它可分四组，每组又各有七个星宿，这是显然以"七星"为基数的划分方法。

古人天人同构的观念认为，男子以八为生命基数，女子以七为生命基数。《黄帝内经·素问》："女子七岁肾气盛，齿更发长。二七而天癸至，故有子。三七肾气平均，故真牙生而长极。四七筋骨坚，发长极，身体盛壮。五七阳明脉衰，面始焦，发始堕。六七三阳脉衰于上，面皆焦。七七任脉虚，太冲脉衰，天癸竭，地道不通，故形坏而无子也。"在民间丧殡习俗中，每隔七天为一个忌日，到七七四十九天为止，称为"尽七"。

在古代"七"与天地生命轮回相关，在汉语中，以"七"构成的词也很多，如"七窍"（口、眼、耳、鼻共七孔），"七色"（红、橙、黄、绿、青、蓝、紫），佛教有"七级浮屠"，文学史上枚乘作有《七发》，傅毅作有《七激》，张衡作有《七辩》，曹植作有《七启》，"七"俨然已经成为一种文体，其他以"七贤""七子"来合称的也是不胜枚举。

### （八）先抑后扬

"八"本为背离、分别之意，《说文》云："八，别也。象分别相背之形。"在《说文》中从"八"的许多字中，都含有该意，如"分"字，意为"别也。从八从刀，刀以分别物也。"还有"公"字，意为"平分也。从八从厶（同"私"字）。八犹背也。韩非曰：背厶为公。"所以"八"最初并不受人们喜爱，赣南的客家至今还留有"逢七不出门，逢八不回家"的说法。"八"后来受到崇拜与八卦对我国文化影响有关。"易有太极，是生两仪，两仪生四象，四象生八卦。"八卦，即乾、坤、巽、兑、艮、震、离、坎，它代表了宇宙间八种基本物象，八卦互相搭配又得到六十四卦，用来象征实际生活中的自然和人事现象。汉语中"八"字组成的词语也很多，佛教有"八宝"，道教有"八仙"，文章有"八股"，方位称"八方"，生辰称"八字"，异姓结为兄弟称"八拜"等等。"八"是偶数，又与"发"字谐音，寓意兴旺发财、事业蓬勃，所以备受国人推崇，这与其问世之初的境遇有了天壤之别。

### （九）至阳之数

"九"是最大的个位数，《黄帝内经·素问》中说："天地之至数，始于一，终于九焉。"九又是阳数之巅，有最高和极限的意思，加之在汉语中"九"与"久"同音，所以数字"九"备受封建帝王的青睐，成为至高至尊之数。北京内城是九个城门；故宫太和殿、中和殿、保和殿的高度都是九丈九尺；宫殿大、小城门上的门钉是横九排、竖九排；宫殿的台阶级数是九层或九的倍数。不仅如此，自古朝廷分定等级也习惯用九,夏朝时朝中即设九卿,《礼记》:"夏后氏官百,天子有三公、九卿、二十七大夫、八十一元士。"魏晋时将官位分为"九品",这些做法都一直延续到了清代。"九"在我们日常生活中泛指"多",如成语"九牛一毛""九死一生"等指得就是这个意思,清代汪中在《述学·释三九》中写道:"凡一二之所不能尽者,则约以三,以见其多,三之所不能尽者,则约之以九,以见其极多。"在我国含有"九"的词汇也很丰富,古人用"九族"泛指亲属,古行政区划为"九州",这成为我们现在中国的代称,所以在汉文化中,"九"是最带有神圣色彩的一个数字。

## 二、数在畲族文化信仰中的体现

"数"是人类认识发展到特定阶段的产物,除了计数的用途外,还与古人的原始思维、交感巫术等非数字的神秘文化密切相关。从《高皇歌》中我们发现,畲人对"三"和"五"尤为偏重,从表层上看,它似乎仅体现了畲民对这两个数字的青睐,从深层上看,它隐含着畲民原始意识思维下的信仰。作为与汉民族历史上关系最密切的民族之一,畲族文化中融合了不少汉民族的文化观念和意识,因此,畲族与汉族在数字文化的源头和神话传说的原型模式上,都有不少相通之处,但因为生存环境、历史境遇等原因,畲汉民族又形成了各自不同的文化特征。

### (一)畲人对数字"三"和"五"的崇拜

畲人对数字"三"和"五"的崇拜,主要体现在他们的图腾系统中。首先,作为畲人始祖的龙麒,原是高辛皇后耳朵里的一条金虫,《高皇歌》中描绘其出世前后的情形是:"正宫娘娘得一病,三年头昏耳又痛。"御医从皇后耳中"取出金虫三寸长",然后这条长"三寸"的金虫"一日三时仰其大",变成了一个身上"五色花斑花微微","像龙像豹麒麟样"的神物。龙麒是高辛皇后耳痛"三年",以及一日"三时"变化的结果,其外形从原来的"三寸"金虫,变成了一个身上长了"五色"花斑的神物,这里我们可以看出龙麒与数字"三"和"五"有着直接的关联。此外相关联的数字还有一些是"三"的倍数,如"六",这也间接体现出畲人对"三"的崇拜,如龙麒"金钟变身"时,"皇后六日开来肰,龙麒钟里变成人"。

除了龙麒这一图腾系统,畲人的另一大图腾系统——凤凰,也体现出与这两个数字之间密切的联系,凤凰是高辛帝女儿三公主的化身,所以三公主意象也归属于凤凰图腾系统。三公主称谓本身就包含了数字"三",而凤凰则被看作是具有"仁义德顺信"的"五德"之鸟。龙麒与三公主成亲后,"五年生了三个儿"[①],即长子盘自能、次子蓝光辉、三子雷巨佑,这其中也包含着数字"三"和"五"的信息。

### (二)畲汉数字崇拜的文化比较

数字作为一种特殊的文化语言,在人类社会中有着不可替代的地位。当数作为计数工具,用来表达纯粹的数量意义时,它的意义对各个民族都是相同的,但当数受到民族

---

① 参见本书附录中,由雷楠、陈焕钧收集整理的《高皇歌》版本。

文化传统和宗教信仰等因素影响,被赋予文化内涵时,它就成为了一种修辞手段和文化符号,能够传递出丰富的民族文化信息。我们把畲汉文化中的数字"三"和"五"进行比较,就可以发现其中的异同。

1."三"的文化蕴含之比较

"三"在我国传统文化中占有重要地位,它代表了稳定、牢固、和谐之意,在古代被视为国之重器和国家权力的鼎,即采用"三足两耳"形制,三足鼎立之于人最为稳固的感觉,所以统治者将此来象征江山稳固。

日常生活中,我们常用"三"字表示多,如清代学者汪中在《述学·释三九上》中说:"因而生人之措辞,凡一二之所不能尽者,则约之三,以见其多。"又如成语三思后行、三人成虎、如隔三秋、三令五申,其中的"三"就非实指,而是泛指"多"。像"品"字结构的字,如:森、淼、焱、磊等,则是用三叠字的方式表现"众多"之意。以三示多,其渊源可上溯到老子,他说:"道生一,一生二,二生三,三生万物。"(《道德经》第四十二章)"一"指的是宇宙"混沌"的存在;"混沌"中产生了"二",也就是阴阳分离,天地形成;阴阳化生和气,故产生"三",万物因此发生。古人之所以用"一""二""三"的转化,代表事物从"无"到"有",变"多"的过程,是因为"三"中包含着天、地、人。天地人是万物之基,万物之始,《说文》云:"三,天地人之道也。""三"是人与自然的统称,在一定程度上体现了我国文化中"天人合一"的思想。这与《周易》中的"三才"思想是一脉相承的,"《易》之为书也,广大悉备。有天道焉,有人道焉,有地道焉。"(《易传·系辞下》)"是以立天之道,曰阴与阳;立地之道,曰柔与刚;立人之道,曰仁与义。兼三才而两之,故《易》六画而成卦。"(《易传·说卦》)天地人曰三才,"材,道也"①,这里的"才"与"材"通,所以,三才即指天道、地道、人道。《周易》中一卦由三爻组成,上爻为天位、下爻为地位、中爻为人位,也体现出"三才"的思想。三爻自下而上,又分别象征事物的生发、发展和完结的过程,体现出"物成于三"的思想。我们常说要"一分为二",但是"分"之后最终要"合二为一",这个"一"已经不是原来的"一"了,而是"三",故而"三"是数的"完成",并且是第一次圆满的"完成"。

从外形上看,"三"又是《周易》中的乾(☰)卦,代表天;两个"三"重合,变为数字"六",形成"☷"(坤)卦,代表地;"☰"(乾)"☷"(坤)两卦重合,变为数字"九",代表乾坤,也就是天地万物。"九"是"三"的三倍,由"三"之意衍生出"极多"的含意,代表物之广,阳之极,是最大的阳数。"三"是数之成,"九"是数之终,是更为高级的完成,但它的根基却是"三"。

"三"在汉语系统中不仅可以表示"多",也表示"少",如"士别三日,当刮目相看","三句不离本行"中的"三"均表示少数的意思。许多场合"三"还作为一种标准或界限,比如,"三年之丧"中,"三"成为一种礼仪;"事不过三""富不过三代""一鼓作气,再而衰,三而竭"中,"三"是事物互变的界限。总之,人们描述事物常"以三为法",已经成为一种观念

①　礼记学记云:"教人不尽其材。"郑注:"材,道也。"

和思想了。《史记》中有"数成于三"①的思想，这里的数又有规律、法则的意思；《汉书》中有"函三为一"②的思想，它认为"三"本身就包含在"一"的里面，"一"与"三"是一个有机统一的整体；王安石在《洪范传》中提出了"道成于三，变于五"③的思想，他的这一观点是老子"三生万物"思想和《周易》"五位"④思想的糅合的产物。从以上对"三"的分析，我们可以看出，不管是"数成于三""道成于三"还是"函三为一"，它们这种"以三为法""一分为三"的思想多少都受老子"三生万物"思想的影响。所以，"三"已经成为中华文化意识中一个模式化的数字，它是"道"的象征，闪耀着东方哲学的精髓和智慧，是我们全面、立体看待事物的方法。

在《高皇歌》中畲人"三"的用法和意义与汉族传统文化基本相通，但畲人的使用中带有更加浓厚的宗教和神秘色彩。首先，《高皇歌》以盘古立三皇帝，即天皇、地皇、人皇作为开篇，这与《周易》中体现的"三才"思想相通。其次，诗歌中以"三"为内容的诗句有很多，如："皇后耳痛三年久""取出金虫三寸长""一日三时仰其大""寻了三日都唔见""离田三丈无粮纳，离木三丈便种山。"这些诗句中的"三"介于虚实之间，显现出他们朴素的自然观念，以及叙述远古传说时朦胧的时空意识。这些诗句中的"三"，与畲人始祖的生死存在一定的关联，具有神秘化的色彩。畲族的传统节日"乌

① 《史记·律书》："数始于一，终于二，成于三。"
② 《汉书·律历志》："太极元气，函三为一。"
③ 《洪范传》："道立于两，成于三，变于五，而天下之数具。"
④ 《周易·系辞上》有云："天数五，地数五，五位相得而各有合，天数二十有五，地数三十，凡天地数五十有五。"

饭节"时间是每年农历的"三月三",在畲族民众中,三月三是与春节相提并论的重大节日。此日,家家宰杀牲口,吃乌米饭,集会对歌,祭祀祖先。由此也足见"三"在畲人祖先崇拜文化中的地位。

畲人对"三"的崇拜,还体现出与道教的渊源。《高皇歌》中描述了龙麒死后,请来了"三清师爷官"为其超度亡灵。这里的"三清"即指道教中的玉清元始天尊、上清灵宝天尊、太清道德天尊。道教也崇尚"三",它将宇宙划分为上界、地界、水界三部分,将时间划分为无极界、太极界和现世界。从诗歌中龙麒去闾山学法,以及死后以道教方式去超度的描述,都可见畲人的原始崇拜与道教存在一定的渊源。

《高皇歌》不仅在叙述内容上体现与"三"的渊源,它在叙述形式上也体现出三条①连排的复沓格式。

> 古田是古田,古田人女似花千;
> 罗源人子过来定,年冬领酒担猪爿。
> 罗源是罗源,罗源人女似花旦;
> 连江人子过来定,年冬领酒过来扮。
> 连江是连江,连江人女好个相;
> 古田人子过来定,年冬领酒担猪羊。

这种叙述形式的特点是,每一条(章节)重复出现结构相同、内容近似的语句,形成一定的节奏和韵律,表达一种

---

① 畲歌四句称一首,或一条。

强烈的情绪。这种叙述格式与《诗经》中的《考槃》《还》《相鼠》《月出》等诗的格式异曲同工。

例如：

　　《考槃》：
　　考槃在涧，硕人之宽。独寐寤言，永矢弗谖。
　　考槃在阿，硕人之薖。独寐寤歌，永矢弗过。
　　考槃在陆，硕人之轴。独寐寤宿，永矢弗告。
　　《月出》：
　　月出皎兮，佼人僚兮，舒窈纠兮，劳心悄兮！
　　月出皓兮，佼人懰兮，舒忧受兮，劳心慅兮！
　　月出照兮，佼人燎兮，舒夭绍兮，劳心惨兮！

它们共同的特点都是采用四句一章的格式，用复沓的方式咏唱，在整齐中显现变化，形成抑扬有序的韵律，来表达作者复杂的情绪，《考槃》中表达的是归隐之士寄情山水的畅快之情，《月出》表达的是对心仪的女子的思念之情，《高皇歌》中则是表达的是畬人受到外族欺负，对心中乐土的向往之情。它们的不同在于《诗经》中基本以四言组成一句，而以《高皇歌》为代表的畬族民歌以七言为多。

与三条连排不同，《高皇歌》中还有一种抒发情感的叙述形式也与"三"有关，比如他们在叙述了"受尽卓老几多气"之后，接着"三条"歌词，以"三想"的方式宣泄积郁的情感。

　　一想原先高辛皇，四门挂榜招贤郎；
　　无人收得番王倒，就是龙麒收番王。

二想山哈盘蓝雷，京城唔掌出朝来；
清闲唔管诸闲事，自种林土山无税。
三想陷浮四姓亲，都是南京一路人；
当初唔在京城掌，走出山头受苦辛。

虽然这种格式的每一条歌词，在韵律上并不形成复沓的效果，但这三条歌词在语义上属于平行内容的叙述，它们组合成为一个套曲，在语势上形成一种累积，他们以这样的形式来完成一种情感的叠加。

2. "五"的文化蕴含之比较

《易经·系辞上传》曰："形而上者谓之道，形而下者谓之器"，如果说"三"属于"形而上"之数，那么"五"就属于"形而下"之数。王安石说："道立于两，成于三，变于五，而天地之数具。"①道发韧于"两"，即阴、阳；成于"三"，是指天、地、人；变于五，是因"五"有"变"之意，如《说文》中有云："五，五行也，从二，阴阳在天地间交午也"。这里的"交午"即有变之含义，其中的"五行"是指水、火、金、木、土五种构成万物的基本元素。所以"五"和"三"一样也可以象征万物生发的根源，无非"三"是抽象的、只可意会的"道"，"五"是具象的、可以感触的"器"，它们是古人对自然或事物不同视角，不同层次的认知和阐释罢了。

（1）五·午·龙

"五"古字写作"✕"，由"二"和"乂"组成，它与"三"一样

①　（北宋）王安石：《洪范传》。

与"天地"相关联,是带有神秘色彩的数字。"三"象征天、地、人,"五"上下两横,分别象征天和地,中间的"乂"意为纵横交错,象征天地阴阳相交。"午"与"五"关系密切,它们不仅音同,而且"五"的本义指的就是"纵横交错",它可用"午"来表示。《玉篇》说:"午,交也。"[①]十二时辰中的午时,正是一个前后相交的时间,我们称中午或正午,这里的"中"和"正"二字,表明了这个时间只是一个"点",它是"上午"和"下午"的分界点。同样道理,半夜又被称之为"午夜",因为它也是一个分界点,由此可分出上半夜和下半夜。

还有我们传统节日端午节,它原是"端五"之意,即农历五月五日,因"端"字有"初始"的意思,故"端五"就是"初五"。五月按照历法正是"午"月,五五相重,故端午节又名"重午节"或"重五节",有些地方也叫"五月节"。在先秦时代,普遍认为五月是个毒月,五日是恶日,相传这天邪佞当道,"五毒"并出,这个思想在民间一直传了下来,如古人有蓄兰沐浴的习俗,《夏小正》中记:"此日蓄药,以蠲除毒气。"《大戴礼》中记,"五月五日蓄兰为沐浴";江浙一带有吃"五黄"的习俗,即黄瓜、黄鳝、黄鱼、咸鸭蛋黄、雄黄酒;端午节也称"菖蒲节",有在门上悬挂菖蒲、艾叶驱邪避毒的习俗。民间的种种求平安、禳解灾异的习俗莫不与这个毒月的说法有关。端午还有划龙舟的习俗,闻一多先生在《神话与诗》中认为,这是古代吴越地区"龙"的部落举行图腾祭祀的

---

① 出自《玉篇·午部》。《玉篇》是我国古代一部按汉字形体分部编排的字书,由南朝梁大同九年(公元543)黄门侍郎兼太学博士顾野王撰。

日子。他认为，龙舟竞渡和吃粽子都与龙有关，况且吴越百姓还有断发纹身，以避水中蛟龙之害的习俗，如应劭说："（越人）常在水中，故断其发，文其身，以像龙子，故不见伤害。"①

闻一多认为龙与"五"的关系也颇为密切，"龙与五是分不开的，因为从图腾观点说，龙的数一开始就是五，而依我们的意见，龙正是图腾社会的产物，所以我们也只能从图腾的观点来谈它，一方面龙的数既是五，所以在图腾社会的背景下'五'便成为一个神圣的个数，而发展成为支配后来数千年文化的五行思想，一方面，作为四龙之长的中央共主是第五条龙，所以'第五'便成为一个神圣的号数，至今还流行着的五月五的端午节，便是那观念的一个见证。"②端午节用"五彩丝系臂"的民间风俗，应当是"像龙子"的纹身习俗之遗迹。"五彩"根据五行之色，又可用来象征"五色龙"，陶弘景说："五龙，五行之龙也。"③"五龙用五个色彩来区分，所以龙是五色的名目。由图腾崇拜演化为祖宗崇拜，于是五色龙也就是五色帝。宗教信仰到了祖宗崇拜的阶段，社会组织也由图腾变为国家，所以五帝是天神，又是人王。"④"三皇五帝"中"五帝"的一种说法就是将他们按"五色"区分，即青帝——伏羲；炎帝——神农；黄帝——轩辕；白帝——少昊；玄帝——颛顼，他们又被尊为五行之神、五精之君。畲族人

① 引自汉应劭注《汉书·地理志下》。
② 闻一多：《神话与诗》，上海人民出版社2005年版，第189页。
③ 引自南北朝陶弘景注《鬼谷子·阴符》。
④ 闻一多：《神话与诗》，上海人民出版社2005年版，第187页。

也崇尚"三皇五帝"，不过《高皇歌》中所指的"五帝"与"五色帝"不同，白帝少昊不在"五帝"之列，取而代之的是帝喾高辛。

畲族人也过端午节，与汉族人一样也有家家户户做粽子的习俗，不同之处在于汉族纪念的是爱国诗人屈原，而畲族祭拜的是祖宗或盘瓠王。畲人之所以端午节拜祖宗或盘瓠王是因为传说盘瓠为五月初五日出生，根据罗源县起步廷洋坂村保存的《忠勇王开山公据卷牒》记载："高辛皇帝四十五年五月初五日，后宫大耳刘皇后夜梦天降娄金狗下界托生，醒后耳内疼痛，旨召名医，医出一虫，希奇美秀，以玉盘托养，以瓠叶为盖。一日长一日新，长有丈二，取名盘瓠，变成麒狗身。纹锦绣头，有二十四斑黄点。"①

《开山公据》中记述的一些细节比《高皇歌》中更为详尽，不过它们对盘瓠（龙麒）身上斑点的记载略显不同。《开山公据》记载的是盘瓠，变成麒狗身"有二十四斑黄点"。《高皇歌》中记载的龙麒"身上花斑百廿点，五色花斑朗毫光。"首先盘瓠（龙麒）身上的斑点不管是"二十四"还是"百廿点"，它们都是"三"的倍数，显示出畲民对"三"的崇拜。其次，这里的"五"既可以是实指，也可以是虚指。实指时，"五色"即青、黄、赤、白、黑"五行之色"；虚指时，意为"纵横交错"之色，比如我们俗称的五花肉，实际上只是肥瘦间隔的"三层肉"，因借用其"交错"的古义，故称"五花肉"，其他如"五花马""五花大绑"也都是类似的用法。其三，《高皇

---

① 引自《福州市畲族志》，海潮摄影艺术出版社，2004年12月第一版，第433页。

歌》中龙麒出生时"五色"的说法与汉人记载的近似,《后汉书》里记载,"时帝有畜狗,其毛五采,名曰槃瓠。"《搜神记》中记载:"其文五色。因名盘瓠,遂畜之。"从这些细节,我们不仅可以看出《高皇歌》与《后汉书》等汉人书写的史籍存在一定联系,同时也可以看出"五"是古人描绘具有神秘色彩的事物的一种模式,如民间有"五彩祥云"之说;传说有女娲炼"五色石"以补天之说;《史记·项羽本纪》中范增谈及刘邦将对项羽构成威胁时说:"吾令人望其(刘邦)气,皆为龙虎,成五采,此天子气也。"这里所说的五采之气被认为是"天子气",是瑞气中最难得和高贵的一种。所以《高皇歌》中将龙麒描绘成具有"五色"的瑞兽,显示了他们对带有一定神秘色彩的"五"的崇拜,并由此来表达其对祖先的敬仰。

(2)五·中·凤

另一个与"五"关系密切的字是"中",其渊源可以上溯到被称之为河洛文化滥觞的"河图"与"洛书"。《易传·系辞上》有:"河出图,洛出书,圣人则之"的说法。河图实际是由"一"至"十"排列而成,偶数为阴,黑色,代表地数;奇数为阳,白色,代表天数,"五"和"十"构成中宫。洛书实际是九宫,即"一"至"九"排列而成,横,竖,斜三个数相加之和都是"十五"。北周甄鸾曰:"九宫者,即二四为肩,六八为足,左三右七,戴九履一,五居中央。"①即"五"为中宫。河图、洛书形式虽不同,但本质相同,它们都表示历法和卜筮,四面八

---

① 北周甄鸾注汉代徐岳《术数记遗》:"九宫算,五行参数,犹如循环。"

方,四时八节,八卦,九宫及五位统一的体系。河图、洛书中的"五、十、十五"都体现了古人对"五"的崇拜,而"十五"作为"三"与"五"倍数,更显示了古人对这两个神秘数字的崇拜。"五"作为中宫,其他各宫围绕周围,所以"五"既是中心也是核心的象征。我们古人原始空间意识里,最初只有东、南、西、北"四方"之分,其后逐步出现了"五方"的观念,他们把"中"与"四方"并列而成为五方。在"六书"里,"中"属于指事字,甲骨文写作"𠁁",从字形上看,它像旗杆,上下有旌旗和飘带,旗杆在正中竖立,指内部适中的位置。

　　早在 20 世纪 40 年代,胡厚宣先生就发表了《论五方观念及"中国"称谓之起源》等论文,以甲骨文为据,考释出商自称"中商国",因而断言,此为中国称谓的起源。庞朴先生认为:"如能把这个隐含者表达出来,把'中'与'东南西北'并列而为五方,那便意味着达到了自我意识。"①"中"是"吾"站立的位置,《说文》曰:"吾,我自称也。""吾"与"五"同音,它由"五"和"口"组成,"五"代表中央,"口"代表我。组合观之,"吾"字即为"我在中央"之意。以"吾"为中心,太阳升起的地方是东,太阳落山的地方是西,人的正面称南,人的背面称北,于是形成了由东、西、南、北、中,构成的"五方"之概念。用"五方"配民族,就形成了"五方民族"的观念,《礼记·王制》:"五方之民,言语不通,嗜欲不同。"孔颖达疏:"五方之民者,谓中国与四夷也。"这一民族观的形成就是华夏族以本族为中心,将"四夷"作为参照,逐步形成中国式的

---

　　①　庞朴:《稂莠集》,上海人民出版社,1988 年 3 月第 1 版,第362 页。

方位观和区域观,即形成汉文化中的"天下"观。所以没有"四夷"这些所谓他者的确认,也就不会有"华夏""中国"等相对应概念的出现。

儒家认识到了"五"与"中"的联系,故将其抽象出"中庸"的理论,即待人接物不偏不倚,调和折中的道德标准,《尚书·大禹谟》说:"人心惟危,道心惟微,惟精惟一,允执厥中。"《礼记·中庸》说:"执其两端,用其中于民,其斯以为舜乎?""允执厥中"和"执两用中"就是告诫人们不要走极端,必须避免"过"与"不及"两种倾向。朱熹说:"中者,无过无不及之名也。庸,平常也。"①"中庸"成为儒家为人处世的最基本的法则,所谓"中道"即是君子的行事之道。《中庸》将"中"与"和"联系起来,提出了"中和"的概念,故《说文》曰:"中,和也。""喜怒哀乐之未发,谓之中;发而皆中节,谓之和。中也者,天下之大本也;和也者,天下之达道也。致中和,天地位焉,万物育焉。"②《中庸》里,把"中"视为天下最重要的依据,把"和"视为天下最普遍的原则。"致中和"便是把"中"与"和"都发展到极致,这样天地就可以各得其所,万物就可以各遂其生了。儒家崇尚"中"与"和",所以儒家特别推崇作为"和美"意象的凤凰。凤凰被称为"五德之鸟",它具有"仁、义、德、顺、信"的五彩花纹,它的五彩符合儒家"中和"的道德与审美标准。畲人将凤凰作为本族女性文化的意象,一方面或受儒家文化的影响,一方面或是楚人尊凤信仰的衍化。按阴阳五行之说,凤色赤,五行属火,

---

① 朱熹注《论语·雍也》:"中庸之为德也,其至矣乎!"

② 出自《礼记·中庸》。

"凤"与"风"又相通,可理解为"风神";"凰"即"皇"字,有至高至大之意,"凰"古音又与光相通,有研究者认为是一种与光有关的鸟,即太阳鸟。古人历来将凤和凰视为一体,将其奉为火神。《初学记·孔演图》说:"凤,火精。"①又有《鹖冠子》:"凤凰者,鹑火之禽,阳之精也。"②楚人崇凤的信仰,是其先祖崇日信仰的衍化,楚人认为自己的祖先是祝融,而祝融是传说中的火神。汉代《白虎通》说:"南方之神祝融,其精为鸟,离为鸾。"③《春秋元命苞》说:"火离为凤。"④太阳的别称为"火离",因此,祝融是火的化身,是太阳的化身,也是凤凰的化身。凤凰色赤,与楚人尚"赤"崇"日"也互为呼应,所以楚人崇拜凤凰实际就是对先祖的崇拜。畲人和楚人一样崇拜凤凰,也崇拜火,他们之间有一定文化渊源,祝融被尊为火神,他是高辛时的"火正",即当时掌管农时、天象的重要之职,《高皇歌》中畲人的起源也是在高辛时期,可见两者文化上存在着一定的同源性。畲人崇凤,也崇火,这与畲人先民的经济生活有极大关系,因为他们早期的生产特点是"农耕"与"狩猎",农耕主要是指"耕火田","畲"字本身就含有"刀耕火种"之意,可见他们与火的关系十分密切;其次,狩猎当中,火不仅可以取暖、照明、加工食物,还

---

① 《初学记》卷三〇引纬书《孔演图》。《初学记》,共三十卷,分二十三部,唐代徐坚撰。本书取材于群经诸子、历代诗赋及唐初诸家作品,保存了很多古代典籍的零篇单句。

② 出自《鹖冠子·度万第八》,该书是道家与兵家著作,传为战国时期楚国隐士鹖冠子所作,有三卷十九篇。

③ 出自东汉班固的《白虎通·五行篇》。

④ 《太平御览》卷九一五引《春秋元命苞》。

可以用来捕捉和驱逐野兽。火是畲人山林中生存的重要工具，他们对火的崇拜是一种自然崇拜，而凤凰作为图腾崇拜应是由此衍生而来。《高皇歌》中表现出来畲人对特定"数"的崇拜，这是其深层意识下显现出来的文化符号，数字以神话传说为载体，被逐渐神秘化，这其中蕴含着畲人的宇宙观、价值观和原始的思维模式，同时我们也可以看出畲汉民族文化的同源性。

## 第三节　神祇:被神灵化的符号

神祇原指天神和地神，《论语》中"祷尔于上下神祇"[①]，其中的"神"指天神，"祇"指地神。作为民间信仰，"神祇"泛指神灵，是宗教观念之一，它们主宰着人类世界，不受自然规律的限制，是具有躯体形象但又不具有物质躯体的超自然体。神灵的观念源于原始人类对自然的恐惧，那些不为人力所及的事或物，皆被神化。随着社会结构和文化的发展和变化，神的数量变得更加庞大，形象变得更为复杂，分工变得更加细化。各个宗教、族群、地域甚至行业都出现了特定的神灵，从神与人的关系看，我们大致可将它们分为自然神和社会神两大类。

自然神源于原始人类将不可驾驭的自然力和自然体演

---

① 出自《论语·述而》第三五章。

化为神,他们最初将自然力人格化,如风、雨、雷、电等被认为是具有意志和生命的东西,其后他们将自然界中的动植物也进一步神化,并加以崇拜和祈祷。

社会神是自然神的演化,它是社会现象或力量的人格化。随着生产力的发展和社会结构的变化,人不再是独立存在的个体,他们存在于一个社会的"场"中,因为人的各方面行为都受到各种社会力量的限制和约束,这背后似乎有着神秘的力量在操控,这种无形的力量也被认为是难以理解和不可驾驭的。社会神主要可分两大类,第一类与自己的先天身份有关,可称为宗族神;第二类则与自己的后天身份有关,比如行业神。

宗族神,与自己的宗族有关,它又有许多分支,如部落神、民族神、家神等。部落神是和某一部落起源或众部落起源有关的神,它们不少是由部落图腾演化而来;民族神是同宗教的主神,是数个较大部落的部落神的合并体;家神是家庭的守护神,有家族分宗及标立家族独特性的作用,通常是供奉本家的祖先,因为人们认为其祖先已成神,可守护家庭安稳,它某程度上与部落神有些类同。行业神,是随社会分工而产生的,其多与神话或各行的首创者、有功者有关,如医药业祭祀神农,建筑业祭祀鲁班等。

随着社会发展,神的形象从原来纯粹的物质形象变成了物质形象与精神形象兼而有之,人对神的态度也从原来的害怕与恐惧变成了敬畏与景仰。神祇成为了一种符号,它是人们精神崇拜的具象化表现,象征着吉祥、威力和正义,对神的崇拜是人们寻求心灵慰藉和归宿的一种方式,寄托着人们追求幸福、成功、圆满等美好的夙愿。

# 一、畲族与道教间山派的渊源

畲族是一个以氏族神灵与世俗神灵相结合的多神崇拜民族,从他们崇拜的神灵看,他们受道教文化影响最为深远。畲人认为自己的祖先龙麒曾经在间山学法,《高皇歌》中写道:"当初天下妖怪多,间山学法转来做;救得王民个个好,行罡作法斩妖魔。"这里的间山指的就是道教的间山派。

道教是我国本土固有的宗教,它是东汉沛国丰邑(今江苏丰县)人张道陵创立的。张道陵,本名张陵,为汉留侯张子房八世孙。据史书记载,张道陵在汉代顺帝汉安元年(公元142年)在蜀郡鹤鸣山(今四川成都市大邑县北)声称受太上老君之命,被封为天师之位,他因此也成为该教第一代天师,被教徒尊为"祖天师",所以人们也称其教为"天师道"。道教盛行于南北朝,到了唐宋元时期,由于不少帝王尊崇道教,使道教信仰盛极一时。关于"天师"的称号,一般是对道教的首领,即得张道陵衣钵的弟子之称呼,但后世也有将道士称为天师的现象。"天师"称号在元朝忽必烈之前一直是民间的称呼,或是张道陵子孙的自称,自忽必烈开始,官方才正式认可。

天师道是道教最早的一个派别,它源于先秦时的道家,奉《道德经》为最高经典,把老子视为教祖和最高天神,尊为"太上老君"。张道陵自撰《老子想尔注》发挥了老子的道家思想。以"道"为最高信仰,将"道"和老子相提并论,认为"道"即是"一"。《老子想尔注》说:"一散形为气,聚形为太上老君,常治昆化,或言虚无,或言自然,或言无名,皆同一耳,今布道诚教人,守诚不违,即为守一矣;不行其诚,即为夫一也。"这样,作为宇宙本源的"道"既是"一"又是"太上老君",老子理所当然就成为该教所信奉的尊神了。天师道因其传"正一盟威"之道,故后来亦名"正一道"。天师道也称"五斗米道",据《后汉书》记载:"(张)陵,顺帝时客于蜀,学道鹤鸣山中,造作道书,以惑百姓,受其道者,辄出五斗米,故谓之米贼。"[①]因入道者须出五斗米,故得此名。至于为何出五斗米,有人认为,这与道教崇拜五方星斗和斗姆有关,五斗米就是"五斗姆"。"斗姆"指的是中国道教的女神——斗姆元君,是北斗众星之母,又写作斗母、斗姥。道教对特定的数字的崇拜是其宗教崇拜的显现,这与畲族崇拜数字"五"并非巧合与偶然,从畲族崇拜的神祇来看,它们之间存在着极为深厚的文化渊源。

《高皇歌》中提到的闾山派是华南道教的一个重要流派,它以福建为中心,又称闾山道、闾山教等。闾山派吸收了道教净明道、正一道等派与佛教禅宗、净土宗、密宗瑜伽派、儒家忠君孝亲等三教的思想,注重祭典仪式与法术,广纳神佛,以各种法事为人消灾除厄。闾山派尊奉许真君为祖师。许真君即晋代著名道士许逊,南昌县(今属江西)长定乡益塘坡人,祖籍河南汝南。据说,许逊年少时以打猎为业,一日上山射鹿,鹿胎堕地,母鹿舔其子而死,他突发感悟,折弩而返,前往栖托西山金氏之宅修道。许逊后在豫章地区传播孝道,时值彭蠡湖(今鄱阳湖)水灾连年,他不仅为豫章治水,还到湖广、福建等地消除水患,赢得民间的广泛

①　(南朝)范晔:《后汉书·刘焉传》,第七五卷。

尊崇。豫章及附近地区流传有许逊杀蛟斩蛇、为民除害的传奇故事,称他为"传孝道之宗","为众仙之长",对许真君的信仰唐朝时就开始兴起了,到了宋朝被朝廷所倡导,宋真宗大中祥符三年,将西山游帷观升格为玉隆宫。宋徽宗时上尊号为"神功妙济真君",南宋时"真君垂迹,遍于江左湖南北之境,因而为观府、为坛靖者,不可胜计。"①宋代民间对许逊信仰很流行,"每岁夏季,诸卿士庶,各各香华,鼓乐、旗帜,就寝殿迎请真君小型像幸其乡社,随愿祈禳,以蠲除旱蝗"。②畲族与闾山道的渊源首先体现在其先祖龙麒曾去闾山学道,这是畲族与道教直接的渊源。同时龙麒的身世背景与许逊也存在一定渊源。其一,龙麒与许逊的生存经历相同,他们都曾以打猎为业。其二,龙麒"追羊归天"和许逊"射鹿悟道"的情节存在着相同的母题——"脱尘"。虽然他们"脱尘"借助的载体不同,但羊和鹿皆与道教中"二车搬运"相关,所谓"二车搬运"是指通过任督二脉运炼,使心肾相交,达到周天火候。《群仙要语纂集》中载:"羊车载火,鹿车载水,羊鹿二车,来往上下不停,上田返中田,中田返下田,下田返上田,上田返入气海,接著真气,三事共聚,再返起火也,是周天火候。"其三,许逊与龙麒祖籍相同。许逊祖籍河南,龙麒祖籍"南京",《高皇歌》中唱道:"三想陷浮四姓亲,都是南京一路人;当初唔在京城掌,走出山头受苦辛。"这里的"南京",不是指现在的江苏南京,而是指畲族先民居住的商朝古都,即今河南省商丘市附近一带。这与畲族先

---

①② 出自《道藏》第六册,文物出版社、上海书店、天津古籍出版社1988年版,第763页。

民由中原南迁,后来才辗转到广东潮州凤凰山立足开基的说法是吻合的。

　　畲人崇尚道教的闾山派,还体现在其对三奶派[①]宗师"临水夫人"(陈靖姑)的崇拜。陈靖姑被视为闽东与闽江流域第一保护神,其法力主要体现在救产、护胎和佑民上,故旧时逢求雨、治病、求子,都要请奶娘保佑。传说陈靖姑也曾入闾山向许逊学法,据《闽都别记》第二十三回载:"靖姑入闾山法院,真人悦而收之为徒,遂授以正法。"[②]陈靖姑,小名陈十四,民间称之娘奶、奶娘、夫人奶、临水夫人、陈奶夫人等。到宋代陈靖姑被朝廷敕封为"顺懿夫人",之后历代均有加封,如有慈济夫人、临水陈夫人、天仙圣母、临水陈太后、顺天圣母、碧霞元君等封号。陈靖姑是汉族的女神,之后被畲族接受,成为畲族民间信仰不可或缺的一部分。传说农历正月十四日为陈靖姑生日,闽东一带的畲族还将该日定为奶娘节,这日畲民不仅要在家里祭祀临水夫人,而且还要去临水宫请奶娘,以求添子增孙、庇佑小孩平安。畲族的巫舞《奶娘踩罡》,表现了奶娘驱鬼镇妖的场景,是带有原始神秘巫道气息的舞蹈。该舞共分为三个章节:净坛、请神、踩罡。其中,踩罡是该舞的主段,畲族巫师以罡步进行祈雨、这与陈靖姑的善举有关。相传,有一年闽东大旱,陈

---

　　① 三奶派,是道教闾山派的一个派别,以李奶夫人、陈奶夫人、林奶夫人"三奶夫人"为法神。

　　② 《闽都别记》,曾名《双峰梦》、《闽都佳话》,创作于清代乾嘉时期,该书作者署名里人何求,作者创作的基础是福州说书艺人所讲的大量民间故事,把这些故事加以整理,以章回小说形式将它们依历史先后贯串在一起,作成了这部长达150余万字的巨制。

靖姑为拯救百姓,不顾自己三个月的身孕,为民求雨,最终她因求雨堕胎,感染风寒,不治身亡。在巫舞中使用道场法具有:鼓、铃刀、龙角、三音锣、木鱼等,其中龙角、三音锣、木鱼极富畲族特色。

陈靖姑从汉族民间信仰,发展成为畲汉共同信仰的神祇,其原因大致有以下几个方面:其一,龙麒和陈靖姑都有闾山学法的经历,二者同属闾山教谱系,这是陈靖姑能够成为畲人信仰的契合点;其二,陈靖姑的法力之一是祈雨济世,这是从事农耕的民族希望神灵护佑的现实需要,而且畲族本身就有崇拜女神(三公主)的传统,所以作为女神,陈靖姑被接受并不难理解;其三,畲族乡村的聚落特点是"大分散、小聚居",小聚居的畲族村落大分散在汉族诸多的村落之中,在这种杂散居的环境中,不管物质生活还是精神生活都会产生一定的交融。

## 二、畲族尊崇的道教诸神举要

畲人崇拜的神祇中,以道教神祇居多,除了闾山派的一些神祇外,他们还崇拜道教中西王母、东王公、玉皇大帝、三清天尊、紫微大帝、三官大帝等。

### (一)西王母、东王公及玉皇大帝

《高皇歌》中说:"女人来做西王母,男人来做东皇宫。"这里的西王母与东皇(王)公都是道教的尊神。先说西王母,即王母娘娘,又称瑶池金母、金母元君、九灵大妙龟山金母,全称为"上圣白玉龟台九灵太真无极圣母瑶池大圣西王金母无上清灵元君统御群仙大天尊"。西王母在道教中地位极高，她由西华至妙之气化生而成，与东王公分掌天下三界十方之男女仙籍，其神格仅次于三清。西王母是道教上古神灵，也是中国神话中的一位至高无上的女神，其称谓始见于《山海经》，因所居昆仑山在西方，又叫西昆仑，故称西王母。西王母的形象历经了两次大的演化，第一次是汉代，这个时期西王母是一个半人半兽的异物形象，据《山海经·西山经》载："又西北三百五十里，曰玉山，是西王母所居也。西王母其状如人，豹尾虎齿而善啸，蓬发戴胜，是司天之厉及五残。"第二次是魏晋南北朝时期，此时，人们把西王母神话传说和周穆王西征事件联系起来，将西王母形象人格化，因而周穆王和西王母在瑶池相会的故事流传甚广。

西王母的配偶大致有两种说法，一为玉皇大帝，一为东王公。玉皇大帝，即"玉皇"或"玉帝"，是"昊天金阙无上至尊自然妙有弥罗至真玉皇上帝"的简称。道教认为玉皇为众神之王，虽在道教神阶中修为境界不是最高，但其神权最大，有制命九天阶级、征召四海五岳之神的权力。玉皇大帝上掌三十六天，下握七十二地，掌管一切神、仙、圣以及人间、幽冥之事。玉皇大帝与王母为夫妻的说法多出现于民间传说和小说中，在正统的道教神系中，他们并没有夫妻关系之说，与西王母对应的应是东王公，不过在道教通俗化的过程中，东王公则被演绎成为了玉皇大帝。

东王公，又称"木公""东华帝君"。据说东王公与西王母皆为太元圣母所生，东王公形象之起源，可追溯到战国时期楚地信仰的"东皇太一"，在屈原的《九歌》中，东皇太一是最高的天神，即太阳神"东君"。"东王公"一名始见于晋朝葛洪的《枕中书》，书中说："元始天尊经一劫乃一施太元母，生天皇十三头，治三万六千岁，书为扶桑大帝东王公，号曰元阳父扶桑大帝。"这里的扶桑大帝即东王公。从东王公与西王母的名字对应关系看，"东"与"西"，"公"与"母"，完全相对。东王公之名出现晚于西王母，按照我国传统阴阳观念，有一阴神，必有一阳神，所以东王公应是配享西王母而产生的一个仙位。同时，依照五行的思想，西方属金，故西王母又名金母，居住在西方的昆仑山；与之相对，东方属木，东王公故又称木公，居住在东方的蓬莱山。尽管东王公之名出现晚于西王母，但因其是男性，所以在道教中，他的地位却比西王母更高。与西王母一样，唐及北宋时期，东王公之名未被列入道士的醮神名单，直到南宋始才被列入，且总居于西王母之前。在南宋仲劢《祈嗣拜章大醮仪》的神灵名单中，"东华木公道君"位列第十九，西灵金母元君位列第二十；南宋金允中《散坛设醮品上》（《上清灵宝大法》卷三九）三百六十分位真灵名单中，"东华上相木公青童帝君"位列第十，"白玉龟台九灵太真金母元君"位列第十一。金元时期的全真道十分推崇东王公、西王母，将"东王公"认作其派的始祖，将西王母尊与重要的大神。全真教所尊的北宗五祖，以东华帝君（王玄甫）为祖师，续之为钟离权、吕纯阳、刘海蟾、王重阳。东华帝君为西王母之夫，乃男神之道，主掌仙籍。凡男子成仙必先拜东王公，仙人升品也要拜东王公。虽然东王公后来居上，取得了比西王母更加尊贵的地位，但其民间的影响力，远不及象征长生不老的西王母深入人心。

### （二）三清天尊

三清天尊是道教对其所崇奉的三位最高天神的合称。"三清"既指天神所居住的玉清、上清、太清三处胜境，又指分别居住在仙境的道教三位尊神：玉清大帝元始天尊、上清大帝灵宝天尊、太清大帝道德天尊。"天尊"的意思是说，极道之尊，至尊至极。"三清"中地位最高的是玉清境清微天元始天尊。元始，指宇宙的本原、开端，道教称他在天地开初就以秘道传授诸神，开劫度人；居于第二位的是上清境禹余天灵宝天尊，是由"赤混太无元"所化生；排在第三位的是太清境大赤天道德天尊，也是我们民间最熟悉的太上老君，即老子。老子因其《道德经》被道教奉为经典，他本人也被神化，成了宇宙未形成之前，由混沌状态中产生的三元气之一，"冥寂玄通元"所化生。

"三清"名称中所谓玉清境、上清境、太清境是天神所居仙境的区别，清微天、禹余天、大赤天是其所统天界的划分。道教宫观供奉的三清塑像，一般以玉清元始天尊居中，其左右分别为灵宝天尊和道德天尊。"三清"是道家哲学"一化为三，三合为一"思想的象征，也表达了畲人对"三"崇拜的文化渊源。畲民在从事宗教活动时，会把"三清"画像的绘图作为圣物悬挂，在其宗教崇拜中，"三清"也被视为最高的神祇。

### （三）紫微大帝

紫微大帝，即中天北极紫微大帝，是道教的四御尊神之一，四御为道教天界尊神中辅佐"三清"的四位尊神，所以又称"四辅"。其他三位尊神分别是:南方南极长生大帝、勾陈上宫天皇大帝、后土皇地祇。紫微大帝协助玉皇执掌天经地纬、众星日月、四时气候,能呼风唤雨,役使鬼神,为万象之宗师、万星之教主;南极长生大帝协助玉皇执掌人间寿天祸福;勾陈上宫天皇大帝协助玉皇执掌南北极与天、地、人三才,并主宰人间兵革之事;承天效法后土皇地祇协助玉皇执掌阴阳生育,万物生长,以及大地河山之秀。

紫微大帝为紫微垣的星君,紫微垣又叫紫微、紫宫、紫微星,位处三垣①之中的中垣,居苍天众星的正中,又称中宫,属帝王之所居,皇宫又叫紫禁城即是这一来历。道教认为北极星是永远不动的星,位于上天最中,其位置最高,最为尊贵,是"众星之主",因此对他极为尊崇。紫微大帝在中国古代民间也很受尊崇,这种崇拜是源于我们先民对星辰的崇拜。

### (四)三官大帝

三官大帝是早期道教尊奉的三位天神。在道教神系中,出现的时间比"三清"还早,是道教最早敬奉的神灵,亦称"三元大帝""三官帝君"。东汉张陵创立天师道时,就以祭祀天地水三官作为道教徒请祷治病的方法。南北朝时"三官"(天地水)和"三元"(上中下)相结合,成为三位天帝。据《太上元始天尊说三官宝号经》称,此三位天帝之名及其职掌为:"上元一品赐福天官,紫微大帝;中元二品赦罪地官,清虚大帝;下元三品解厄水官,洞阴大帝。"宋明以后"三清四御"确立,"三官"的职掌范围有所缩小,一般认为掌管

---

① 三垣:指上垣之太微垣、中垣之紫微垣、下垣之天市垣。

人间祸福、天神转迁、生死轮回诸事。"三官"信仰兴盛于魏晋南北朝，唐宋犹存其余绪，但民间信仰仍然很普遍。明代以来，各地都建有三官殿、三官堂、三官庙、三元庵等，每逢三元节，人们都要到庙宇祭拜"三官"祈福免灾。三官大帝的信仰源于我国古代先民对自然的崇拜，他们对这些生产生活的必要条件怀有敬畏之心，因而对此顶礼膜拜。

## 三、畲族崇拜的其他诸神之类型

畲族宗教崇拜的形成，与汉文化的影响密不可分。儒家重视礼仪，他们将祭拜天地、自然、山岳、祖先都纳入"礼"的范畴，除此之外，各行各业都有不同的神祇，比如木器行供奉鲁班，纸行供奉蔡伦，肉行供奉张飞等等。在我国除了道教属于本土宗教，其他的宗教都是舶来品。不过中华文化有很强的兼容性，所以即使是非本土宗教的诸神，只要符合我们的需要都可以为我所用。不同体系互无关联的诸神可以彼此共存，不分高低，这体现了我们传统文化的包容性和开放性。同样，畲族也是个多神崇拜的民族，除了道教的神祇外，畲族人还信奉佛教之神、民间俗神、行业神灵、以及宗族远祖和族内英雄等。

### （一）佛教神祇

畲民对佛教神祇的崇拜，仅局限在对观世音菩萨的信仰上，因为佛教所宣扬的因果报应，"放下"等一些理念，与畲族根深蒂固的祖先崇拜观念相违背。因此，畲民向来不建佛寺，不出家当和尚。只在祠堂中供奉象征大慈大悲的观音菩萨。

　　观音菩萨又称观世音菩萨、观自在菩萨等。所谓"菩萨"是巴利文① Bodhisatto（菩提萨埵）音译的简称。"菩提萨埵"中的"菩提"，汉译是"觉悟"；"萨埵"汉译是"众生"或"有情"（一切有感情的众生）；全译是"觉有情"，它包括自觉和觉他两层意思。也就是说"菩萨"既是已经"觉悟的众生"，又是以觉悟他人为己任的有情。《般若波罗蜜多心经》中云："观自在菩萨，行深般若波罗蜜多时，照见五蕴皆空，度一切苦厄。"这里的"观自在"指的是：以心去调动眼、耳、鼻、舌、身、意六根，取其妙用，去"观照审视自己的存在"。只有这样才能使自己和他人解脱无碍自在，摆脱一切苦厄。"观自在菩萨"本来只是佛教中的一种境界，但是在宣扬传播教义的过程中，这种抽象的概念被形象化和人格化，成为信徒崇拜的对象。不过在民间，"观世音菩萨"更容易被理解和传播，因为从字面解释，"观世音菩萨"就是"观察世间民众声音的菩萨"，普救人间疾苦，大慈大悲，是具有无量智慧和神通的象征。其形象也被塑造为相貌端庄慈祥，经常手持净瓶杨柳的"西方三圣"，并被几乎所有的佛教寺院供奉，成为民间百姓最熟悉的菩萨形象。

　　畲民信仰观音菩萨只是怀着祈求家庭平安、家族兴旺的心理和愿望，不过畲族村寨也有过"观音节"的，如在福建宁德地区祀奉"观音佛母"，即每年农历二月十九观音生日、

---

　　① 巴利文：是古代印度一种语言，是佛陀时代摩揭陀国一带的大众语。据说佛就是用这种语言说法的，所以弟子们也用这种语言记诵他的经教。

六月十九观音得道日、九月十九观音过南海日,逢此三日家里吃一天"观音素",以保平安。

### (二)民间俗神

畲族的民间俗神多受汉族宗教文化的影响,如齐天大圣、赵公元帅、土地公、龙王等。

(1)齐天大圣。畲族多称"圣王公""圣王爷"。信奉者较普遍,多于树头砌石为庙,供香火。遇病时才焚香祈求保佑,平时一般不烧香。

(2)赵公元帅。为道教世俗化的俗神,是传说中的赵公明,是专门保佑人们发财安福的神灵,后传说他能保病禳灾,主持公道,买卖得利,乃成为财神。

(3)土地公。又称福德正神,也称后土、社神,是民间信仰最为普遍的神之一,属于地方保护神。土地神源于古代的"社神",是管理一小块地面的神。《公羊传》注曰:"社者,土地之主也。"社神本来就是一种自然神,自君王以至平民百姓,都得对其立社祈求,以祈社稷天下之福。畲族是农耕民族,与土地的关系特别密切,在畲家老屋的厅堂神龛内,除了供有本房先人牌位、香炉外,必供奉土地公。畲族民众对土地公的奉祀甚为虔诚,每月农历初一、十五日,早晚两次上香;清明、端午、七月半、过年等传统节日时,都会在祭请先人之前祭请"土地公"。

(4)龙王。畲人历来信仰龙王,他们居住的山区中多是望天田,水利设施差,因而特别迫切期盼龙王来降雨,以保不旱和五谷丰登。畲人将夏至之后的第一个辰日定为"分龙节"。相传这一日玉皇大帝给畲山各地分龙,各龙王要到各地降雨,这一天畲民家家备酒菜,祭祀龙王和土地公。畲人认为龙怕铁,所以这天禁用铁器,忌秽污,不晒衣,不挑粪,以免惊动龙王。

### (三)行业神

"农耕"和"狩猎"是畲民早期的生产生活特点,畲民祭拜"农神""猎神",这些神灵有的是由其族内英雄人物神化的,有的则是接受并演化了汉族的神灵。如畲民供奉"田头伯爷","开山伯公"多受客家文化的影响,而罗源畲族祭拜的猎神"车山公"(一说为"且山公"),则是由汉族人物演化而来。车山公即为陈六公,据说原籍河南,是屡立战功的勇将,他还有两个弟弟陈七、陈八。由于不趋炎附势,又嫉恶如仇,结果遭到奸臣陷害,被迫举家迁徙至闽北建瓯深山。深山中虎豹出没,六公母亲不幸身遭虎害,他为报母仇,率兄弟二人,与虎殊死搏斗,最终灭虎,为民除害。显然,这个传说中车山公的经历和《高皇歌》中龙麒的经历相似,这或许是畲民选择车山公为猎神的一个因素。畲民供奉的猎神有若干形式:(1)人格化神像。其像一般头戴幞头,呈弓步站立,右手执杵,左手执印,一只猎狗伫立其旁。(2)以村口一块独立凸起的岩石或垒石为猎神标志的。如浙江丽水水阁山根自然村西侧村口清同治光绪年间的岩石猎神,其岩石高160厘米,胸径120厘米,头长80厘米。近似人形,村民现称其为"石狮子"。① (3)村口建低矮的石室为庙,以庙

---

① 吴海东:《山哈遗韵》,浙江古籍出版社2011年6月第1版,第100页。

内神牌或香炉为象征。

各地畲族的猎神名号又略有差异,在粤东称"打猎大王""射猎先师""猎爷""猎娘",在闽西称"射猎先师""护猎娘娘",在赣南称"打猎祖师",在闽东、浙南称"射猎师爷"。[①]

### (四)宗族远祖和族内英雄的神化

畲人除了崇拜远祖龙麒外,还将族内的一些有非凡事迹、受人拥戴的现实人物神圣化,并在其死后作为神灵祀奉,有些畲人族内的英雄甚至成为一些地域性的神灵,成为畲汉共同的神灵。

(1)田元帅。田元帅即田都元帅,俗称"相公爷",与"西秦王爷"[②]一样,是戏剧界的保护神。一般来说北管奉祀"西秦王爷",南管奉祀"田都元帅"。传说田元帅俗名雷海青,唐朝玄宗时为宫廷乐师,安史之乱时,因拒绝为安禄山等叛贼演奏,被其肢解。雷海青以身殉国,被后人誉为"安烈乐官",深受梨园弟子崇敬,奉为祖师。雷海青曾显圣,旗上"雷"字被云遮住,只现"田"字,因称田公。畲人普遍信奉田元帅,每遇节日或田元帅诞辰日(农历六月十一日)都焚香敬奉。

(2)蓝奉高。相传畲族英雄蓝奉高率领畲军,在福建汀州抵抗唐王朝的袭击。官军集中弓箭手一齐向蓝奉高射

---

① 郭志超:《客家猎神的发垻与寻根》,《民俗研究》,2000年第3期,第79页。

② 西秦王爷:是戏曲界的保护神,俗称"公子爷"。其源流一说为唐玄宗,因其安史之乱时,避难秦、蜀之地,故称"西秦王爷"。

击,他在奋力还击中,因用力过猛,把弓弦拉断了。紧急中,他一边挥舞手中的弓弦拨挡官军射来的乱箭,一边乘船后退,终于守住了汀州城。后来,畲家子孙世代都训练弓击乱箭的本领,以示纪念。每逢"二月二"歌会或农闲时候,畲民就会围在空地上打"尺寸"。尺,代表断弓,是长约 1 米的小木棍;寸,代表残矢,是长约 40 厘米的小竹片。"尺寸"的打法是,许多人在空场上围成一个大圆圈,一人站在圈内,手持"尺寸",以木棍击打竹条,使竹条旋转着向前飞去,圈外的人便跑着去接。要是竹条落地,就马上拣起向圈内投去,圈内人可以用手接住,也可以用木棍再将竹条击回去。圈外人如能将"寸"接住,就算得胜,得胜者便替换圈内人。这种习俗久而久之,就成为了畲族独特的一种文体活动。

(3)插花娘娘。插花娘娘又称蓝姑姑,是丽水畲民塑造的一位民族女神,其故事流传在浙、闽一带的民间。相传畲家姑娘蓝春姑,被财主逼婚为妾,最终跳崖自尽。人们为了纪念这位不畏强暴不慕虚荣的美丽女孩,便在她殉身的山崖边修建插花殿,以四时山花奉供她。从此,插花娘娘成为一位地方神祇,在浙江松阳县板桥乡的横岚坳、丽水市莲都区的灯盏山、云和县龙门乡的樟坪、雾溪乡的大仓等处都曾建有插花娘娘庙。插花娘娘扮演着守妇护幼、祛病消灾、保护平安等多重角色,畲民甚至将她作为掌管婚姻和家庭的女神,顶礼膜拜,如畲民村落中有遇到家庭纠纷的,双方便可以径自祈求插花娘娘出面评理和调解。在插花娘娘庙中,人们插花为香,祷告神灵,这种问神的方式称作"讲花"或"问花",由两个巫师盘唱巫歌,其中一人扮演神童,一人扮演插花娘娘,通过与神灵之间的交流,进行有目的性和针对性的心理疏导，以达到夫妻和睦、家庭相安之目的。

　　从以上畲人尊奉的几类神祇来看，他们多神崇拜的形成，与其生存环境、生产方式、迁徙历程和传统意识等多重因素密切相关。首先，由于畲民长期居住在偏僻山区，经济与文化都很落后，"万物有灵"的观念根深蒂固，面对无法抗拒的天灾人祸，求神祈福消灾的心理需求非常强烈。其次，与其民族"刀耕火种"的特性相关。畲民对神灵的祭祀紧扣农事季节进行，反映出农耕民族祈求五谷丰登、六畜兴旺的美好愿望。同时，畲民"大分散、小聚居"的分布特点，使其深受汉族宗教信仰的影响，故形成了多神崇拜的特有现象。

# 第四章

# 日常生活

## ——凤凰山上去落业

# 第一节　生产：艰辛之下的生存

据史书记载，畲族先民在唐宋时期，就已聚居在现今闽、粤、赣三省交界之地的山区了，他们是闽南、潮汕地区的主要原住居民之一。到了元明清时期，他们从原住地陆续迁徙至闽东、浙南、赣东、皖东南等山区半山区地带，形成了"大分散，小集聚"的分布格局。

"畲"字有开荒辟地和刀耕火种的意思，它反映出这个民族当时生产力低下，具有初期农业社会的生产特点。早期畲人的生产生活极其艰苦，"山高土瘦难作食，走落别处去作田"（《高皇歌》）。他们在荆棘丛生的荒野上垦治畲田，进行刀耕火种的生活，这种粗放型的农耕生活决定了其生产劳动的艰辛，同时恶劣的生存条件又导致了他们无奈的迁徙之旅。畲人自称"山哈"，意为"山中的客人"，可见其流动的生存状态。畲人居于山区这一独特的生存环境，决定了他们与"山"息息相关，也决定了其独特的"靠山吃山"的生产和生活方式。"凤凰山上去落业，山场地土由其种"，"凤凰山上去开基，作山打铣都由其"，从中我们又可看出畲人不畏艰苦、乐于山林，以及淳朴、勤劳、乐观的民族本色。

# 一、看家本领

游耕和狩猎是早期畲民劳动生产的特点,虽然到了明清时期,畲人从迁徙变成了定居,但他们耕地与狩猎的习俗依旧保留,这两个生产方式仍然是其生存的两大基本技能。

## (一)农耕

"山场地土由其种",在《高皇歌》的这一唱词中我们可以看出畲人的生产经济属于山地农耕经济。早在隋唐之际,畲族先民就已居住在闽、粤、赣三省交界之处,自宋代开始陆续向闽中、闽北一带迁徙,大约在明清时期形成了目前主要在闽东、浙南山区与汉族杂居的局面。畲人亲山近水而居,是一个以农耕为主体的民族,但是他们在明清之前,从事的却是一种刀耕火种的"游耕"农业,据《惠州府志》载,畲人有"随山散处,刀耕火种,采实猎毛,食尽一山则他徙"[①]的习俗,清人李调元在《南越笔记》(卷三十七)里,对此也有详细的说明:"(畲人)耕无犁锄,率以刀治土,种五谷,曰刀耕。燔林木,使灰入土,土暖而虫蛇死以为肥,曰火褥,是为畲蛮之类。"刀耕火种、去瘠就腴,是种古老的生产生活方式,也是一种广种薄收、费时费力的农业生产模式,所以游耕民族所有成员都要参加劳作,妇女也不例外,她们要承担繁重的生产劳动,这也是畲家女子保留天足的现实原因。

———————————

① 嘉靖《惠州府志》卷一四,《外志》。

畲人游耕是一种无奈的生存选择，或因为战争，或因为赖以生存的土地贫瘠而且稀少，《高皇歌》中"山高土瘦难作食，走落别处去作田"，唱出了他们迁徙的悲凉和无奈。

明清时期畲族入迁闽东，与当地汉族的交往日益频繁。他们从汉族农民身上学到了许多农耕技术，并引进了锄头、犁耙、砍刀等铁制农具，生产效率和收成都得到了提高。于是他们从迁徙变成了定居，从游耕过渡到农耕，过上了相对安定且自给自足的生活。畲民从游耕过渡到农耕，是对不同生存方式的接受，也是对不同文化的接受。从宏观上看，我们可以粗略地把中华文明中曾存在的三种主要的文化形态进行划分：一是以中原汉族为代表的定居农耕文化；二是以北方民族为代表的游牧文化；三是以南方民族为代表的游耕文化。这三种文化是以各自生态环境为基础，并由此发展出来的不同经济类型，它们既相互依存，又彼此独立，共同构成了我国文化生态的体系。其中以中原汉族为代表的农耕文化，其文化本质是顺天应命，安守家园，畲民接受了这种生存方式，也就是接受了这种文化。

### （二）狩猎

由于畲民长期居住在山区，经常有野兽出没，狩猎不仅可以消除兽害，保护庄稼获得丰收，同时还可以弥补农业生产中产出的不足。畲族祖先曾以狩猎为生，《高皇歌》有唱："凤凰山上鸟兽多，若好食肉自去罗；手擎弓箭上山射，老虎山猪麂鹿何。"清道光时期杨澜的《临汀汇考》中辑录福建长汀杨睿诗云："姜薯蕨豆种山椒，叉木诛芋各打寮；夜半风腥呼野菜,强弓毒矢竟相邀。"①都可见畲人狩猎民族的原始特性。明清时期,畲族虽改为以农耕为主,但狩猎仍为其主要的副业之一,到了民国之际,狩猎虽已不是一种主要的生产活动,但仍作为生活习俗保留了下来。

狩猎射击的对象主要是山猪、豪猪等糟蹋庄稼的野兽,此外还有獐、山羊、山兔、飞禽等。狩猎方式多为集体行动,分工周密,有负责带猎犬搜山的,称"赶山",亦叫"踏耙";有负责守候野兽出没,伺机射杀的,称"把口";有发现动静,吹螺号召集,以震慑山兽的,称"吹螺"。围猎时,先向"猎神"车山公(亦称陈六公)上香祈求,然后吹螺号,通知愿意参加围猎者共同前往。获得猎物后,首先将猎物的头、尾巴、脚、内脏等煮熟后祭拜猎神,俗称"烧赶汤",之后将其煮熟让众人品尝,传说猎神喜欢热闹,所以来吃者多多益善,只有这样今后出猎才会获胜。在分配猎物时,其规矩是:大的猎物(虎、豹、野猪等)首铳射中者分两份,另加兽皮;赶山者较其他人辛苦,也分两份;参加围猎的猎狗亦分半份;其余按人头平分。参加分配猎物的人,不分先后到场,只要在猎物四脚尚未捆好之前赶到的,亦同样分得一份,而小的猎物一般是宰杀后煮熟共享。

畲民狩猎除组织猎队围捕外,还常用路箭、活扣、竹吊、囚笼、陷阱等办法获取猎物。(1)路箭,是把弓放在野兽经常出没之地,拉紧弩,弩上装一根活动针,针上引一条线,野兽触线,活动针脱落,箭矢飞出,野兽一旦中了涂有毒药的箭头立刻毙命。(2)活扣,形似小弓,用绳系放,机关灵活,

① (清)杨澜:《临汀汇考》卷三《风俗考·畲民附》。

猎物觅食时触及机关,立刻被活扣套住,这种活扣在夜间布放,第二天早晨收取,适合捕捉野兔、野猪、山鹿等动物。(3)竹吊,是畲民最常使用的捕兽方法。一般在野兽经常往来之处,挖出深和宽都在三米左右的陷阱,阱口置一活动绳套,里拴一活动针,野兽踏及洞穴,活动针脱落,毛竹弹起升直,猎物即被悬空吊起,一般不超过百斤的动物都能被擒获。(4)囚笼,常用于捕虎、豹、豺狼之类的动物,笼口装活动门,笼内放鸡、鸭等作为诱饵,野兽夜间觅食入笼,触及机关,会被降下的活动门关住。

狩猎是畲人的看家本领之一,清代的《罗源县志》中有云:"畲民虽幼小,能关弓药矢,不惧猛兽,盖其性也。"但是随着农耕经济的发展,狩猎从当初"家家皆猎户"的情况,退居从属的地位,畲民一般只在农闲季节进行狩猎,但农忙时为保护番薯、稻子,他们也会组织一些猎队进行防护。

## 二、山水相依

畲民定居后垦荒种山是他们最基本的谋生手段,不过因为土地等资源的缺乏,绝大多数畲民的生活依旧十分贫困。他们散居于深山之中,不管是耕山而作,还是日常狩猎,这些生产及生活方式都是由其生存环境决定的,俗话说:"靠山吃山,靠水吃水",畲人的日常生活与他们所处的山山水水非常密切。畲民种植的粮食作物以稻谷、番薯为主,以大麦、小麦、苦麦、荞麦、高粱、苞谷、畲禾和豆类等旱地作物为辅,其他还种植蓝靛、苎麻、茶叶等传统作物,同时也在山间采捕一些野食以补充生活。

### (一)种苎、种蓝

苎,就是苎麻,是畲民传统种植作物之一,历史上闽地畲民有"户户种苎,家家织苎布"的传统,因苎麻纤维细长,平滑而又有丝光,质轻而拉力强,有易染色难褪色,吸湿易干易散热等特点,所以是畲族民众衣着的主要用料。苎麻丝织成的布叫做"苎布"、"夏布",制成的苎衫被称为"粗衫",罗源、连江、闽侯、闽清、永泰等县的畲民长年穿苎衫。这种衣服布质结实、耐磨,穿时都染成青、蓝色,适合劳作者穿着。

种蓝与种苎关系甚大,畲民种苎,制苎,织成苎布,直至染色,是其自给自足的纺织流水线。古时闽地是我国蓝靛生产最发达的地区,明代王世懋在《闽部疏》称:"福州西南,蓝甲天下。"蓝,福建人又叫"菁","福建菁"在全国享有盛名,而且福建大量菁的种植与加工均出自畲民之手,于是"菁寮"就成畲人聚居区的代名词了。

原始的蓝靛制作工艺程序主要是:(1)先把蓝靛草放在蓝靛池里用水浸泡三四天,让蓝靛枝叶充分腐烂。(2)清除池中还未腐化的叶渣,将调配好适度的石灰水倒入浸泡蓝靛草的靛池。(3)用木齿耙,不停地搅动蓝靛水,让其与石灰充分调匀,直至水面出现紫红的泡沫。(4)沉淀过后,把靛池中上层的清水清除,再把靛池中腐化的靛装进木桶或缸中沉淀,形成染料靛泥。完成以上工艺,制作出染料靛泥后,就可以根据需要加上水、少量的白酒等制成染布的蓝靛水,最后将白布反复浸泡在蓝靛水里染制,晒干后叠放在专用的平滑的石头上,用木槌捶平抛光,衣服的布料由此可以制作出来。蓝靛染制的衣服耐脏，不易褪色，这符合畲人刀耕火种的生活习性。

## （二）种茶

畲人善于种植茶叶，尤其闽东一带，地处广袤山野，是我国历史上重要的茶叶产区之一，这一地区的畲民几乎每家每户都种茶。畲民饮用之茶皆为自种、自采、自制，大部分以自产的烘青茶为主。因畲人居住的山岭高深，较为适宜茶树生长，故畲茶久负盛名，比如在清代，粤东著名的产茶区，均在畲地，像永安（今紫金）的"洪畲茶"，罗浮山的"罗浮茶"，潮州的"凤山茶"，均出产于畲区。

## （三）采捕

畲人日常还有采收山中植物的习惯，比如采摘野菜、菌菇、中草药材等。居住在深山里的畲人，还会在溪涧里捕捞鱼虾来供饮食之需，据《古田县志》载，畲家"男女赴山耕作，每腰系鱼篓，捕鱼螺以为馔羹，执柴刀采薪以供粉饷"。故其饮食风俗中喜食野味、河鲜。一些临近河海居住的畲民还捕捞鲲鱼、鳗鱼、鲶鱼等，日常还会在滩涂上采捕螺、泥蚶、螃蟹等贝类。

## （四）采薪、饲养

畲民靠山吃山，除种植业外，常靠采薪烧炭换取生活所需。山区盛产柴草，除松木、杂木片、杂木树枝等柴薪外，还有覆盖山体的芒萁草，称"细芒"，有的畲民甚至以樵苏为生。

自畲民定居生活以后，还开始饲养家禽家畜，其饲养的种类以鸡、鸭、猪、羊兔最为常见。他们种植番薯，将番薯的根作为自己的粮食，番薯的蔓和叶作为猪、羊的饲料。畲人饲养禽畜，以自食为主，少量用于交换，故畲人俗语道："养鸡、鸭、兔换油盐，多养几只为过年。"

# 三、传统技艺

畲民从迁徙到定居，在历史传承中积累了具有本族特色的传统技艺，它们是畲族民俗文化的重要组成部分，我们从这些技艺中也可以看出这一群体勤劳、智慧、淳朴的民族特性。

## （一）酿酒

酒是畲人生活中重要的饮品，《高皇歌》有唱："年冬领酒担猪爿"，"年冬领酒担猪羊"，酒在畲人重要的节日或场合是必不可少的，所以他们几乎家家都会酿酒。畲人酿酒一般有两个步骤，一为做红糟，二是发酵酿酒。

做红糟是畲族民间的一门绝活，它凭借的是经验和感觉。好的红糟是酿制好酒的关键，所以做红糟是一项技术性很强的手艺，因此它也成为半职业化的工作。制糟，畲语为"做酒米糟"，一般是在秋季进行，畲民的制糟师傅一般采用一种生于河边的红莕草发酵，或用"酒脚"，也就是酒缸底不清的部分，与米粉一起发酵，来制作红糟的"糟娘"。"糟娘"制成后，先把早米浸泡一天，用甑蒸熟后，倒在地上摊开，使之略凉，再用"糟娘"拌米饭，使每粒均沾上"糟娘"，然后堆成一堆,用布袋将粙米盖好,经大约一昼夜时间的发酵,到粙米发烫时即把粙米装入筐内,放到淡石灰水中浸泡一下。干后,倒在地上,待粙米发热时,把它慢慢地摊开。第二天再浸泡石灰水,反复三天,粙米变白,七天后变红,酒粙就制成了,这是红粙。黑粙与绿粙的制法相同,只不过是粙娘的颜色不同而已。虽然一年之中,四季均可酿酒,但以农历十月为最佳的酿酒季节,畲民俗称十月份酿制的酒为"十月缸"。

在酿酒时,他们将自产的糯米浸涨,并用饭甑蒸熟,称"糯米酒饭",倒入缸中,拌以自制的酒粙,加水发酵。曲与米的比例是"加二"或"加三"。"加二",就是一斗米掺二升粙,酒的浓度较低;"加三",就是一斗米掺三升粙,酒的浓度较高。

畲民根据不同的需要,制作不同风味的酒。用草药煎水酿酒,称"药酒";用酒当水,再酵酒,就是"加饭酒";用早米酿的,叫"早米酒";用麦子酿的,叫"麦酒",加番薯酿的,称番薯酒或地瓜酒,有的畲民还喜欢酿南瓜酒,即取刚收成的南瓜,在瓜上部挖一小洞,装入饭和粙,盖严实后进行酿制,其酒香甜可口,独有风味。酿酒后的下脚料是"酒精",加上煎糖后的下脚料,拌在一起,闭于坛中月余,再蒸出蒸馏水,就是"白酒"。

畲民制作的白酒,以景宁地区出产的绿粙酒最具特色,与其他白酒相比,畲家的绿粙酒有其独特的二次重酿技术,他们将米酿白酒回窖,加入深山花草二次重酿,并经长时间的日晒和低温洞藏,经多次过滤和自然陈化,酒体在色泽上呈现出自然纯净的黄绿之色,酒液莹澈透明,犹如深山碧玉,入口顺滑并有淡雅的山草之香。

酿酒后的酒糟,也有多种用途,首先可以加上番薯丝,经二次发酵,用来蒸烧酒。这种白酒的酒精度可高达五十度左右,称"番薯烧";其次可用来做菜吃,如酒糟毛芋、酒糟萝卜、酒糟豆腐等,还可以用来糟制各种风味食品,如酒糟鱼、酒糟带鱼、酒糟肉、酒糟猪肠等。腌制酒糟类食品很有讲究,如酒糟带鱼,取新鲜带鱼,用一瓷罐,以一层酒糟一层带鱼,撒一层薄盐再加一层酒糟,再加一层肥肉或猪大肠,如此层层相加,压实后用竹箬叶扎紧封口,大约腌制月余,即可食用,食用时只需略加姜丝,上锅蒸熟即可。

## (二)编纺

畲族姑娘从小就跟着母亲学习编纺技艺,织品有苎布、彩带等。苎布的原料为畲人自家种植的苎麻,在纺布之前要先将苎麻皮浸湿后撕成丝,然后用手拧接,这道工序叫"拧线"。畲人"拧线"采用单条麻丝首尾相接的方法,与当地汉人双条搓接法不同。拧线多为妇女的劳动,家中不能下地劳动的老人或儿童亦有相助,其劳动多利用闲余时间进行,如中午、晚上或雨天。拧足了线之后,要用纺车把麻线纺实,织成苎布,再以自制蓝靛染成青色或蓝色。一般畲民家庭都有木制纺线车和织布机(俗称楠机),而且织布还有专门的织布间,通常多为楼上朝南透光的房间。清代后期至民国时期,部分畲族群众逐渐用棉布为缝衣布料,苎布用量相对减少,20 世纪 80 年代末期,已鲜有畲民制作苎布了。

除了织苎布,畲家妇女还用自家生产的蚕丝编织彩带,彩带即花腰带，又称合手巾带，其制作工艺除染色外，都比织苎布简单。彩带色泽鲜艳，做工精细，编织时需要格外细心，所以善织彩带的妇女比善织苎布的要少。彩带编织的精致程度，是衡量姑娘心灵手巧的重要标准，同时彩带还是畲家姑娘出嫁时的必备之物。

畲民居住的地区还盛产竹子，其品种有：石竹、斑竹、金竹、雷公竹等，这些都为竹编工艺品生产提供了丰富的原料。畲人擅长竹编，如《高皇歌》中描述的"纱帽两耳其唔得，自愿拣顶尖尖来"，说的就是龙麒不要官帽要斗笠的事，"顶尖尖"就是斗笠的特征，畲民斗笠所用竹篾，薄如纸且细如线，其编织和制作工艺都十分精湛。畲民日常生活劳动中的许多物品皆为自制的竹编物品，如竹编的生活用具有菜篮、桌罩、米筛、斗笠、竹床、竹椅、竹席、竹扫帚等；生产农具有畚箕、薯篮、谷箩、谷席。秋季为生产主要季节，畲人白天破篾，晚上编织，除自用外还用于售卖，以补充家用。除此之外，畲人还擅长草编，其编织原料，一般为种植的蒲草或野生的岩草。

### （三）畲医

畲医又称"青草医"，其防病治病多以青草药为主，或用针灸、抓痧等疗法配合治疗。畲医理论产生于特定的历史条件和独特的自然环境，由于千余年的"民僚杂处"，畲族传统文化和当地汉族文化互相融合，所以它与中医有共通之处，加之畲人迁徙过程中吸纳了苗、瑶等民族的医学理论，于是形成了独具特色的畲族医药理论体系。畲医对人体生命现象的认识，主要是建立在"六神论"的基础之上，他们认为人的生命由心、肝、肺、脾、肾、胆六脏之神来主宰，"六神"各司其职，指挥人体三十六骨节，七十二筋脉，十二条血路，二十八脉，生命运动就是靠气血筋脉来维持，患病多为外邪所袭或气血不调所致。当人体气血旺盛，筋脉顺畅，生命活动就正常，身体就健康；若气血不足，筋脉不畅，正气不足，瘟邪侵蚀，身体就羸弱，疾病就会发生；若气竭血枯，筋痉脉止，生命活动就会终止。

畲医将疾病分为寒、风、气、血症和杂症五大类，每类又根据症状分为七十二种。畲人对一些具体疾病的命名，有其独特的形象性与朴素性，他们根据疾病的节气、病因、主症、病变部位、外观征象等方面进行命名，比如以发病节气命名的有风寒、气寒、冲水寒、三日寒、百日寒等；以病因、主症、病变部分命名的有火云、猪母云、六神病、钱云病等；以疾病的外观征象命名的有鸡爪风、虎头风、狂言风、锁牙风等。

畲医诊病以"望、问、切"为主要手段，"闻"诊运用较少。望诊又以观指甲和眼球最具特色，其中观察指甲部位与身体对应关系为：

表2　指甲部位与身体对应关系

| 指甲的部位 | 拇指甲 | 食指甲 | 中指甲 | 无名指甲 | 小拇指甲 |
|---|---|---|---|---|---|
| 对应的部位 | 头部 | 胸部 | 脐上 | 下腹部 | 四肢 |

在指甲中又有特定部位，中间从外到内可观"六神"病位；再可观指甲颜色定疾病寒热虚实。望眼球，主要观看巩膜，以瞳孔为中心，分为上下左右四个区，上方为前部胸腹，下方为背部，内侧为左胁肋，外侧为右胁肋，观察巩膜部有

无红点、黄点、黑斑点。

畲医用药遵循"寒者热之、热者寒之"的基本法则,采用内外兼治,二者并重的治疗法。畲人聚居所处地域潮湿多雨,夏季炎热,故多有"瘴气"和"痧气"。所谓"瘴气",是指南部、西南部地区山林中湿热蒸发,能使人致病的气体,它是山林里动植物腐烂后生成的毒气;所谓"痧气",是指在夏秋之间,因感受风寒暑湿之气,或接触疫气和秽浊之邪,阻寒于内,而出现的腹痛闷乱的病症。畲医认为此二气皆为热毒,其治疗应多以清热解毒之药为主。他们注重内服外治,内治服青草药,用药偏寒凉,外治用刮痧、抓痧、放血以及食疗等方法。

畲医用药的特点:一是使用的草药多为全草,有的只用根、叶、皮、茎、花、果等,所用之药基本都是存乎山野田间,随手可得的原生植物;二是用药讲究新鲜,一般是现采现用,只有少数时候才使用经过炮制和加工的药材;三是用药多以单方入药,青草为主,也有用多味的复方,用时将药捣烂使用;四是讲究配药,常见的有禽畜内脏、肉、黄酒、生姜、糖类等,他们根据患者病情使用配料,如热性疾病加冰糖、白糖,寒性疾病加红糖、生姜;虚性加猪蹄、猪腿;跌打损伤加黄酒。

畲人治病还往往会与时辰连在一起,因为他们认为人体有十二处气血调和往来,按照十二时辰与二十四节气的变化,周而复始。若某一处受伤,就会血脉不畅,导致内伤,常出现每天定时畏冷,甚至寒颤,寒颤渐减后疲乏无力、失声、咳血、喘憋等。比如"六神病",也称六辰病,畲医认为就是"六神"受损所得,需及时采用"六神草",根据不同时辰,不同部位,不同症状,辨证施治方能有效。同时,畲医对伤的治疗,也强调新旧伤与轻重伤按时辰辨证治疗,治疗时多以青草药为主,辅以动物内脏或肌肉,取其通络活血之性。此外,畲医用药也有对时间的要求,即便使用同一种草药,也要根据不同发病季节和病者病情等情况,到生长不同的地点进行药物采集,如牛蒡子,夏秋季用生长在溪流边的,冬春季则用生长在旱地的。

畲医擅长针刺疗法,这与中医的针灸有些类似。畲医多用银制三棱针,有挑针与刺针之分,挑针又有轻挑与重挑之分。轻挑时,医者斜握银针,针尖露出半米粒,在表皮上重压上挑,以不出血为度(有时也有出现小血丝);重挑则要在表皮上挑出血丝,有的挑后还要从针口中挤出血珠。他们认为人体生病是因体内气血不调,针刺能调其气血,放血去掉瘀血,使血脉流通。除此之外,畲医还擅长正骨、接骨,其采用捏、搓、推、拿、提、按、端、挤、旋、转、展、伸等手法,因势利导,资以整复。复位后外用小竹片或杉树皮固定,再用宽两三寸的青布包扎,三到九日调整夹板一次,继续上药,直至痊愈。畲族医术多为祖传口授,绝大多数的畲医亦医亦农。

# 第二节　饮食:舌尖之上的文化

当人类茹毛饮血之时,饮食只是果腹之需,还算不上什么文化,当饮食成为一种文化时,它就不仅仅是一日三餐或解渴充饥了,饮食之中往往会蕴含着人们对事物的认识和审美。中华饮食文化博大精深、源远流长,我们精神文化的许多方面都与饮食有着千丝万缕的联系。老子说:"治大国,若烹小鲜。"①所以大到治国之道,小到人际往来,举凡哲学、政治学、伦理学、军事学、医学以至艺术理论、文学批评,无不向饮食学、烹饪学认同,我们从那里借用概念、词汇,甚至获得灵感。还有我们人生的每一阶段,也都与饮食密切联系在了一起,当一个小孩呱呱坠地,亲友要吃红蛋表示喜庆,"蛋"象征生命的延续,"吃蛋"寄寓着中国人传宗接代的厚望。之后,周岁时要"吃",成年时要"吃",结婚时要"吃",到了六十大寿,更要觥筹交错地庆贺一番。这种"吃"表面上看是一种生理的满足,但实际上是"醉翁之意不在酒",它借助"吃"这种形式表达了一种精神的寄托。当我们把"吃"上升到文化层面时,它实际上已经超越了"吃"的本身,而是指向了更为深刻的社会意义。

## 一、主副之食

唐、宋时期,闽东畲民以兽肉、玉米、荞麦和野生植物为主食,生活艰苦。自明代后期,随着水稻、番薯的扩种,他们逐渐转以薯米为主粮,辅以稻米。清代,部分乡村因水田开垦及水稻种植增加,稻米渐成主粮。目前,畲族地区的粮食作物以水稻、番薯为主,麦子、玉米、黄粟、荞麦次之。

畲家日常的米饭有籼、粳、糯三种。从黏性上分,糯米

---

① 《道德经》第六〇章。

最黏，粳米次之，籼米基本没有什么黏性，但籼米出饭最多，畲家食用的米饭也以籼米最为普遍。籼米常被用来制作粉干，其工艺是将籼米磨成水粉，然后把它烧至半熟，后用白舂捣蒸，再用工具压挤成丝状，蒸透后即可食用，也可放在竹编上晾晒到干，以达保存之目的。如将米粉调成糊状，则可蒸成水糕，水糕根据加入的成分又可分几类，加入红糖的水糕称红糕，加入碱水的称黄糕，只加盐的称白糕。红糕表面加上芝麻、花生等，蒸好后晾硬可以存放，想吃时蒸软即可。黄糕的保存可用灰碱水浸泡，食用时杂以其他菜肴加汤煮食。粳米主要用来制作年糕，制作时先把粳米粉揉成团蒸熟，用工具加压即可。糯米多用来酿酒，打糍粑。用糯米做糍粑是先把糯米放进木甑里蒸熟，然后置入石臼用杵槌舂成团，趁热蘸红糖和芝麻粉吃，口感细软香甜，故民间有"冷粽热麻糍"之说，意为糍粑要趁热吃才有味道。

除此之外，畲族地区还流行吃香竹饭，就是把大米与水按一比二的比例装进新鲜的竹筒里，用芭蕉叶塞紧筒口，斜放篝火中翻烤。先用温火烤，待筒内水沸后加旺火。等水气将近干时，撤去明火，直到筒口发出饭香，便可破筒取食了。米饭虽是畲民主食，但纯米饭只是宴请客人时才用，除此之外，番薯仍是畲族农家的主食之一。其民谣云："火笼当棉袄，竹篾作灯草，辣椒当油炒，番薯丝吃到老。"这是畲人早年生活的真实写照。番薯俗称甘薯、地瓜，是明代万历年间由吕宋（即今菲律宾群岛中的吕宋岛）传入我国福建的物种，由于其对土地的要求比较低，且耐旱易种，所以成为山区农民的主粮。畲民除直接将番薯煮熟吃外，大多是在秋天收成时节，先将其切成丝，洗去淀粉，晒干成番薯丝，做饭时掺入，俗称"番薯丝饭"。也有先把番薯熟煮，切成条晒到八成干，以求长久存放。煮熟晒干的番薯可作为干粮，直接食用。也有把生番薯切成片，放入滚水中煮到八成熟，捞出后风干或晒干，再用油炸，这是过年时用来招待客人的零食。番薯丝洗出的淀粉几经过滤、晒干，可加工成类似面条的"粉扣"，俗称"番薯粉溜"，做法是把干淀粉用水拌成糊，用蒸笼蒸熟，冷却变硬后刨成丝，晒干即成。它是畲家招待客人的点心或菜肴的重要佐餐。

副食方面，受到山区气候条件的限制，畲民蔬菜品种比平原少，数量亦不多，通常有：芋、茄子、黄豆、蚕豆、马铃薯、花生、空心菜、萝卜、包菜、丝瓜等，其中豆类是畲民最为重要的食物之一，他们喜欢把黄豆磨细做羹，俗称"豆腐酿"，这是他们招待客人最常见的佳肴。"豆腐酿"的具体做法是，先把黄豆洗净，用水浸泡之后将豆磨成浆，不滤其渣，温火烧熟后配以佐料。竹笋亦是畲家四季几乎不断的蔬菜，除鲜吃外，还可制作成干笋以长期保存，制作干笋一般是先将鲜笋煮熟，撕成两半，再晒干或熏干即可。也有像浙江景宁一带的畲民，制作干笋时先将鲜笋切成片，加盐猛火炒熟，再用文火焙干，装入竹筒内，用竹壳封口倒置，民间称这种干笋为"扑笋"。畲家其他常用的菜肴还有野菇，其中以松菇为主，还有用辣椒、萝卜、芋头、鲜笋和姜做成的卤咸菜，其中以卤姜最具特色。

畲人历史上曾以狩猎为生。《高皇歌》中有："凤凰山上鸟兽多，若好食肉自去罗；手擎弓箭上山射，老虎山猪麂鹿何。"所以，畲人沿袭了狩猎及喜好肉食的习俗。肉类是畲人逢年过节、婚丧喜庆和招待客人不可缺少的食物，其所食肉类以猪肉为主,其他肉食还有自家饲养的鸡、鸭、羊、鹅、兔等,以及狩猎所获的野鸡、水鸭、山兔、山猪、山羊之类的野味,不过他们忌吃狗肉,这与其古老的宗教崇拜有一定关系。畲人有养家畜和家禽的习惯,多为自宰自吃,少量用于出售,有些畲族地区还有"借吃"的俗规,即当自家宰杀的猪肉吃不完时,可不作价、不计息地借给别人吃,待他人宰猪后再将肉归还。畲人居于山地,他们所食鱼虾以溪河里的为主,为了长久保存,小鱼泥鳅之类则烘干,大鱼则剖开以盐腌咸再加酒糟腌制,挂于透风阴凉处晾干,制成具有独特风味的腌鱼干。

## 二、亦膳亦药

"山高土瘦难做食,走落别处去作田",《高皇歌》里的这一唱词道出了畲人先民自古以来恶劣的生存环境。在低下的生产条件下,畲人为了谋求生存和繁衍,他们根据实践经验的积累,利用山区丰富的草药资源,将草药与食品相配,制成独具特色的药膳。畲族民间有"九药不如一补"的说法,一补即指食疗。食疗是通过药膳的方式达到增强体质、预防疾病的目的,当然也可以用来治疗一些急慢性疾病,如内科、儿科、外科、妇科、眼科、五官科、肛肠科、骨伤科等,使用面极广。

畲人食疗首先强调以脏补脏。他们认为禽畜的内脏或肌肉与人体相应的内脏或组织之间有特殊的对应和益补关系,所以治疗四肢关节痛,多用猪蹄;治头风痛,配用猪(羊)脑加适量冰糖、白埔姜鲜根煎汤取汁炖服;治疗胃脘痛,用猪肚与夏枯草、马蹄金、白毛藤、猪毛草、棕树根煎汤取药液炖服;治咳嗽、哮喘,配用猪肺连心,用积雪草、猪母耳根煎汤取汁放入猪肺心,并用文火炖后食用;治夜盲症,用猪肝(或鸡鸭肝)、八楞风、冰糖煮食等。

二是畲人注重寒、热属性。认为体质热者要用凉性食物,体质冷者要配用热性食物。畲医认为羊肉性热,猪肚、五花肉性平,如胃脘冷寒要用羊肉炖药,热痛要用猪肚或猪五花肉炖药;糖酒类如白糖、冰糖性冷,红糖性热;白酒性冷,红酒(米黄酒、土黄酒)性热;植物类绿豆、萝卜性冷,葱姜蒜性热等。同时还要注重季节的变化,夏天气温高,阳气旺,故食疗用料及草药大多选用冷性;冬天则常用热性食品和草药为上。

三是强调药材的选用。畲人选用的药材,绝大多数采用禽畜等陆地上的动植物,极少使用海产品,即使数代居住在海边的畲民也不常用海产品,这可能与畲族祖先居住在内陆山地有关。畲人用药讲究新鲜,常常是现采现用,陈年药物一般不用,在一些食疗中,畲人加入的药剂用量往往较大。

四是预防滋补为主。畲医认为食补是防病的有效方法,如春天挖积雪草炖猪肚食用,预防夏季暑气;用仙鹤草煎汤取滚药汁,冲入打散的鸡蛋食用,防劳力症等等。畲医认为食物疗法起到食借药威,药助食性,药食互为配合的作用,疗效可以提高,并适合长期服用。食物疗法比较适合老弱妇婴,尤其是孕妇,此法不仅可以改变口感,还可达到滋补、防治疾病的双重作用。

五是注重药引的作用。畲医食疗十分重视药引,他们认为药引有促进药物药效的作用，比如畲医认为酒能通血脉，行药势，增疗效；糖能补虚调和，行血化瘀；童尿能走血去火（要用十岁以下健康男孩斩首去尾中间的尿，最好是清晨第一次小便），因此，对于跌打损伤或出血性疾患强调要加童尿。

# 三、畲家饮品

## （一）畲酒

畲人好饮酒，这是其客观居住条件使然，"山林树木由其管，旺出子孙成大批"（《高皇歌》）。畲族先民居住山林，地阴气寒，饮酒可以活血却寒，有利健康，由此就形成了畲人无酒不宴的习俗。逢年过节，红白喜事，还有重大活动都需要有酒，如建房时有"上梁酒"，生日时要吃"生日酒"，定亲时要喝"定亲酒"，没有酒就不算过节，没有酒就不算办喜事。畲家所饮之酒一般为自酿的米酒，俗称"主家酒"。

畲民酿酒一般是在秋收之后，以自家酿制的糯米酒和白酒为主。糯米饭加红糟酿红酒，坐缸期短、易清、酒色红中呈绿，又称"青红酒"；加封曲酿的封曲酒，酒色浅黄微绿，味与香都胜红酒，但坐缸封坛期长；还有加白糟酿的白酒，它又分为明烧和暗烧两种。畲族人家家户户均会酿制红酒。大多数畲民是用小米、高粱，甚至番薯等杂粮来酿制红酒的，他们即便稻米很少，也会拿出其中的糯米或酿酒，或做馍糍，或用以祭祀神灵和祖先以及招待宾客。由于生活条件所限，一般人家平时很少饮酒，只有遇到节日或是家里来了客人,才会饮酒庆贺。畲人用酒款待客人的方式也很独特,他们以唱山歌的方式给客人敬酒和劝酒。敬酒从首席首位开始,歌手唱敬酒歌:"一双酒盏花里红,奉上酒筵宣(敬)贵客,宣你贵客食双酒,酒筵圆满结成双。"此时,客人接过酒要一饮而尽。畲家人常常是全家轮番劝酒,直到客人酒足饭饱为止。从畲人的酒俗中,我们也可体会出其热情豪爽的性格以及淳朴的民风。

## (二)畲茶

畲民不论男女皆好饮茶,各家各户灶上都有陶制茶瓮和锡制的茶壶盛茶,以备随时饮用。他们上山、下地劳动时常常茶水相随,盛茶多用竹制的或木制的茶桶。日常生活中,畲民也有敬茶的礼俗,有客人来时,凡二冲(杯),客人只饮一冲被视为失礼,其间要请客人吃点心,亦称"请吃茶"。除此之外,畲人春节饮茶,叫"新春茶";订婚时喝茶,叫"茶礼";正月外出,要喝"壮行茶";结婚时新人要吃"食蛋茶"。

畲人好喝茶,也善种茶,在长期的劳动实践中,他们种植制作出了许多优质的茶叶品种,如广东有"洪畲茶",福建有"福安大白茶",浙江有"惠明茶",其中以浙江景宁畲人创制的惠明茶最富盛名。惠明茶古称"白茶",又称景宁惠明,该茶的生产始于唐代,但因当地交通闭塞,知者甚少,直到清咸丰年间,才渐有名气。到了 1915 年在美国旧金山举行的巴拿马万国博览会上,由惠明寺村畲族妇女雷陈女炒制的惠明茶获得金质奖章,惠明茶才名声鹊起,被认定为茶中珍品。景宁惠明茶产于唐咸通二年(公元 861 年)惠明和尚主持建筑的惠明寺山地,茶以僧名。不过在畲人的民间故事中,惠明茶的来历有如下的说法:相传,唐大中年间,有一畲族老翁名叫雷太祖,他带着四个儿子,从广东逃荒到江西,途中遇到一个和尚,他们一路同行到浙江,相处地十分融洽。分手之后,雷太祖父子五人在景宁的深山里搭了茅棚,靠垦荒种地度日。可好景不长,当地豪强说雷太祖占了他的土地,遂把他们父子几人赶下了山。但事有凑巧,雷太祖父子四处流浪到景宁鹤溪时,又遇见了那个和尚,他非常同情雷太祖的遭遇,就把他们带到自己的寺院里。原来这个和尚就是赤木山惠明寺的开山始祖,他让雷氏父子在惠明寺周围辟地种茶,惠明茶由此而来。

景宁是我国唯一的畲族自治县,该县位于浙南山区,瓯江上游,属亚热带季风气候,温和湿润,其土壤以酸性砂质黄壤土及香灰土为主,土质润泽。惠明茶主要产于景宁赤木山区,其中以惠明寺及附近为主要产地。这些茶园多在海拔六百米左右的山坡上,山上土质肥沃,雨量充沛,常年云雾弥漫,茶树生长环境得天独厚。这里生长的茶树,分为大叶茶、竹叶茶、多芽茶、白芽茶和白茶等,大叶茶因叶片宽大而出名,是制作惠明茶的优良品种,其次是多芽茶。制作茶叶时,先将芽叶于铜锅中炒青,至适度时起锅,摊凉并轻轻搓揉,然后用焙笼烘焙至八成以上干度,再入锅整形翻炒至足干。惠明茶制成时,条索紧缩壮实,颗粒饱满,色泽翠绿光润,全芽披毫。惠明茶汤色清澈明绿,茶味鲜爽甘醇,带有兰花香。

畲人除了善制绿茶,还喜制药茶,常见的有掏空石榴内部的果肉,然后装入清明茶,熏干制"石榴茶";掏空橘子内部果肉装清明茶,烤干制"橘子茶"。药茶除了解渴保健的功效外,有的还有治病的疗效,比如遇有腹涨、吐泻时,可用艾叶加上清明茶,制"艾茶",加水炖服。还有"食凉茶",也是一种畲族民间常喝的药茶,它亦药亦茶,也是畲家颇有特色的饮品。食凉茶在浙江、江西等地分布广泛,有食凉餐、食凉青、食凉昌、山腊梅、酸腊梅和石梁撑等民间别名,因畲人以黑为贵,尊火为圣,故被誉为"畲家圣火令"。食凉茶是用野生蜡梅科植物柳叶蜡梅的嫩芽、嫩叶精制而成,具有祛风解表、清热解毒、理气健脾、消食化积等功效,是畲家最为常见的保健饮品。因畲人长期生活在偏僻山区,缺医少药是对他们生存最大的威胁,但是他们在长期生存实践中,积累了不少具有独特功效的偏方和秘方。当他们滞胀痢泻、风寒风湿入侵时,皆以食凉茶冲泡而服,茶到症除,此习延续至今,食凉茶因此成为畲家的圣茶。

# 第三节 服饰:具有意味的形式

服饰是人类社会创造的宝贵财富,它的演化和变迁是社会文明发展的表征,服饰从原来单纯的遮体御寒,变为兼有美化装饰的功能,人类社会也由此从蒙昧、野蛮逐渐走向文明。虽然服饰是一种外在之美的形式,但是它是有意味的形式,自它出现的那日起,其实人们就已将自己的生活习俗、审美情趣、色彩爱好,以及种种文化心态、宗教信仰、权力财富等观念都融入其中了,这就构筑成了服饰文化的精神内涵。我国是一个多民族的国家,各民族的服饰种类繁多,异彩纷呈,民族服饰不仅是民族历史发展的产物,而且是民族独特文化的结晶。这种文化不仅是一个民族象征性的标志之一,同时也是一个民族生息繁衍、文化传承之根本。

# 一、畲民独具特色的服饰

## (一)概况

《高皇歌》中唱道:"盘蓝雷钟一宗亲",其中的"蓝"既是畲族四大姓氏之一,又是畲人最为崇尚的色彩。畲族男子传统服装为蓝色大襟布衫,女子多穿自织的青蓝色麻布,腰围蓝布带,足穿蓝布袜。畲人用蓝染衣,一般都是自种自染,其中又尤以蓝氏尚"蓝"最甚,他们几乎衣服、用具都喜染上蓝色,并认为这是自己民族的色彩。明末,浙江金华、衢州一带的畲民有宁寮、畲寮、菁寮三种人,其中宁寮以种宁麻织布闻名,多为钟姓;畲寮以刀耕火种闻名,多为雷姓;菁寮以种蓝靛染蓝布闻名,多为蓝姓。由此推测,蓝靛或是由蓝姓畲人最早培植利用,到后来才传给汉人以及其他民族的。

畲族男子过去夏天穿大襟麻布衫,其款式为对襟、无领,用蓝布镶领口,两肩上衬有棉布"搭肩";冬天穿大襟布衫,多用棉布缝制,故又称棉布衫。结婚或祭祖时穿的礼服是红顶黑缎官帽,青色或红色长衫,外套龙凤马褂,长衫的襟口和胸前有一方绣有龙的花纹图案,脚案白色布袜,圆口黑面布底鞋。由于长期与汉族杂居，畲族男子的这类传统服饰已经很少有人穿了，其装束已与汉族无太大的差异，而较有特色的则是畲家女子的服饰。

畲族妇女多穿大襟小袖衫，衣领袖口和右襟多镶花边。中青年妇女穿宽纹花边的服装，老年妇女穿窄纹花边的衣服、短裤，裤角镶有锯齿形花纹，束黑色绑腿。女装也尚蓝色，衣料多为自织麻布，喜欢在服装上刺绣各种花鸟及几何纹饰。其中以"凤凰装"最具特色，全套的"凤凰装"一般作为畲族女子的嫁衣。畲族女子在衣裳、围裙上刺绣各种彩色的花边，镶绣的金丝银线分别代表着凤凰颈、腰和羽毛，金色腰带象征着凤凰的尾巴，周身叮当作响的银器象征着凤凰的鸣叫。

畲族服饰图案的创作者大多是土生土长的劳动妇女。在设计和制作过程中，她们可以随心所欲、独出心裁。服饰图案的内容和风格往往自由奔放、不落俗套，其图案大多取材于日常生活中的各种物象，如飞禽走兽、花鸟虫鱼、农舍车马以及传统的几何形图案，如万字、云头、云勾、浮龙纹、叶纹等。从技法上看，服饰图案或挑中带绣，或织绣结合，一切从生活实际出发，这些图案花团锦簇、溢彩流光，显示出鲜明的民族艺术特色；从用色上看，妇女们在努力追求颜色的浓郁、艳丽和厚重，畲族崇尚黑色和蓝色，所以在服饰上他们以黑、蓝为主调，显得凝重深沉且庄严朴实。他们在以黑、蓝为主调的基础上，有的加上一点色彩鲜艳的花边、头巾或围腰，更平添了几分情趣。这其中的颜色包含着一定的象征意义，如蓝代表天空，绿代表草地，红代表太阳等；从构图上看，图案虽然有疏密聚散的变化，但与绘画的构图相比,它并不强调主题的突显,不讲究主从关系的变化,不少图案往往采用满地花的构图方法,以适应服装整体感的要求;从内涵上看,这些图案都带有一定的寓意,如鸳鸯配偶、五蝠(福)捧寿就是通过象征或谐音,来暗喻美好的事物。服饰图案是千百年来广大畲民艺术创造的精华,具有极高的艺术价值和较深的文化内涵,而最令人称奇的是,这些平凡的劳动妇女有时仅以一根针、几缕线以及小小的蜡刀等简单的材料,便能完成艺术创作,这些精美的图案和精巧的构思都是人类艺术宝库中的瑰宝。

### (二)畲家女子的传统装束

畲家女子的传统服饰主要有头饰和服饰。凤冠是畲家女子最有特色的头饰之一,据同治《景宁县志》载,畲族妇女"跣脚椎髻,断竹为冠,裹以布,布斑斑;饰以珠,珠累累,皆五色椒珠。"畲女头饰会因年龄、地域、婚嫁等因素而有明显地差异,其凤冠形制的来源与之原始宗教文化有关,《高皇歌》中唱道:"学得真法来传祖,头上又何花冠戴。"因为"当初天下妖怪多",所以龙麒才闾山学法,其目的是"救得王民个个好,行罡作法斩妖魔"。从诗歌中,我们可以看出"冠"是畲人从事宗教活动中重要的装饰之一,龙麒所戴的"花冠"是具有法力的"圣物",所以笔者认为"花冠"应该就是畲人凤冠的原型。关于畲人的凤冠的由来,较为通俗的一种传说是来源于被畲人视为母系始祖的三公主。传说高辛帝将三公主嫁给平番有功的龙麒,成婚时皇后把公主打扮得像凤凰一样,穿上镶着珠宝的凤衣,戴上凤冠,以示吉祥如意。凤凰在畲人的文化中是最美丽和美好事物的象征,所以畲家女子结婚有穿凤凰装的习俗,而且新娘也会被称之为凤凰。作为畲家女子重要的饰物,不论是哪种传说,其实都是畲人宗教崇拜和民族信仰在日常生活中的体现,同时也是畲人女性崇拜传统的具体显现。畲人凤冠也称"头冠",是以竹片,石珠和银器制成的,已婚妇女一般都把头发从后梳成螺式或截筒高帽式,盘在头上高高隆起,插饰珠料,形似凤头,故畲家叫"凤凰髻"。不过各地畲家女子的装饰,因地域不同,其样式及象征也有所差异,主要分为以下几类。

罗源式:包括罗源、连江及宁德的部分畲乡,其特点是:上衣的胸前、领口、袖口都绣有大片的花纹图案,下身穿短裤,打脚绑。未婚和已婚的头饰有区别,少女将长发梳拢并束紧脑后,用一红色毛线从左往右将头发梳扎成股状,斜盘于头上。已婚的妇女头饰较复杂,梳时将头发分成两半拢于脑后,并按逆时针方向卷成股状,接上一根小竹木棒或铁丝之类硬物,然后两股头发交叉缠绕,裹住发饰并扎紧,在发饰前端用红毛线束缚于额顶,成一前突状。其发型象征凤凰的头部,高耸的红毛线球头饰象征凤凰头上的丹冠。衣领、衣边和袖口的花边,分别象征凤凰的领脖、腰和翅膀,围兜象征凤凰的腹部,还有身后两条绣花的飘带象征凤尾,各种颜色的脚绑和绣花鞋则象征凤凰的脚爪。

福安式:主要流传于福安和宁德的部分地区,其特点是:头髻需要添假头发,显得宽厚。从外形看,少女像戴着红边黑绒帽,又称"碗匣式"或"绒帽式"。妇女发髻外形上下呈筒状,并稍向后倾,仿佛顶着黑色的大缎帽,显得十分庄重。其发型象征凤凰的身子,发顶象征凤凰的背部,外敞的发髻象征凤凰收起的翅膀。其上衣穿右开襟大裙衫，领口、袖口及胸前绣有花纹和图案，但纹饰较为简单。

霞浦式：流行于霞浦西路及松罗部分地区。其妇女云鬟高髻，象征凤凰高翘的尾巴。其衣饰与福安式类似，不同之处是霞浦式襟角为斜式，而福安式为直角。另一特点是霞浦式的衣服正反皆可穿，不劳动时穿正面，显露花纹，劳动时穿反面，以保护花纹。

福鼎式：流行于福鼎市、霞浦县的部分畲乡以及浙南地区。其少女将头发梳成三股，交叉编成辫子，从左往右盘于头顶。头发末端扎上红毛线，不加假发，表现出少女的纯真和稚气。妇女是将头发梳直，束以毛线，盘旋成圆形发髻，并罩上发网，这种打扮显得朴实而有生气。其衣饰与福安式、霞浦式相似，但仍有其地方特点，福鼎式衣领分大领小领，领口处饰有两颗红绒球，右边大襟上有两条长过衣裙的红色飘带。

此外，畲家女子各式的服饰中还有围兜、围裙等。以上闽东地区流行的凤凰装样式，基本上可以代表畲族凤凰装的风格。我们从以上几地畲家女子的传统装束中还可以看出，她们都有"椎髻"之俗。旧时畲家妇女已婚后均梳"髻"，就是将头发盘于头顶或脑后成"椎"形发式，并蒙以发罩，这与汉女笄饰之俗迥异。除此之外，畲人还有"跣足"之风，即习惯"打赤脚"，这与之生活的炎热环境以及山区艰难的生活有关。畲族女子不缠足，与男子一样上山下地，凡是男子干的农活她们也干，这与旧时汉族妇女以布帛缠足之习截然不同。正因为畲族女子能够独立劳动，所以她们能与男子平起平坐，具有较高的家庭和社会地位。

### （三）传统服饰的审美

畲人服饰图案大多取材于日常生活中的各种物象，比如飞禽走兽、花鸟虫鱼、家禽家畜、农舍车马等。还有中国传统图案中的狮子滚球、祥龙戏珠、凤凰牡丹、鸳鸯戏水等象征吉祥如意的图案。不过她们所描绘的形象并不是简单地追求生活再现，而是以生活经验为基础，依据夸张的手法和丰富的想象力，创造出来的生动形象。

畲人有自己的语言，但没有自己的文字，日常书写也借助汉字，所以他们纹饰上绣的文字也多为汉字，如用"风调雨顺""国泰民安""荣华富贵""金玉满堂"等吉祥用语排列成一定的纹案，以此来表达他们美好的愿望。畲人所绣的纹饰中，除了汉字，还有一些类似于符号的图案。这些符号是华夏民族的"意符文字"在畲族文化中的存留，"意符文字"的起源要早于三千年前就已经成熟的甲骨文，它们承载着畲人远古时代的祈福信息。我们把现在所能搜集到的六十多个图案纹样，归为三类：（1）假借汉字字形及甲骨文形的织纹，这些"汉字"都是斜写的，这些符号虽与某一汉字相同，但释义基本上与汉字不同，如"正"表示开始，"日"表示日间共作，"井"表示水源，"巾"表示成匹，"中"表示融合，"田"表示继业，"工"表示工整平顺，"王"表示诚心。（2）会意类的织纹。如以山形曲线"〜〜〜"表示老鼠牙，喻无坚不摧。以弓弩的象形图"✕"，喻狩猎。以"✕"表示日，喻光芒四射。以"卐"表示太阳旋转运行，喻敬日。以"◇"形符号表示怀孕，以喻繁衍。以鱼的简笔画"✕"，表示鱼和渔。以连续的◇形符号表示蜘蛛。（3）几何变形织纹。这是一批以几何图案表示较抽象的现象或观念的织纹,如"𝄐"(祭祀)、"𝄐"(尊敬)等,其中有以笔画间距表示人或事的亲近程度与空间距离,如"𝄐"(丘陵)与"𝄐"(群山),"𝄐"(邻居)与"𝄐"(亲戚)。有以反复出现,来表达时间漫长、范围广大的时空观念,如"𝄐"(天长地久)、"𝄐"(田野)。这些符号保留了远古时期的原始织纹风貌,既是畲族文化的"活化石",更是我们华夏民族文化中不可或缺的非物质文化遗产。

畲民服饰中的这些图案与符号,与之农耕和狩猎的生产方式密切相关,是其独特的生存方式的体现,这种特定的生存状态又产生了特定的民族信仰和宗教崇拜,如他们崇日、崇龙、崇凤,敬神、敬巫、敬祖等,都在其服饰的纹式中有所体现。首先,这些图案在形式上体现出一种和谐之美,如在图案上,在绣片拼接的位置上,在色彩的运用上,在局部装饰上,我们都能找到一条中轴线。它们或以花心为中轴,或以昆虫身体为中轴,其对称性都表现得尤为突出。这些图案并不突显主题,大多是采用满地花的形式以适应服装的整体要求,它们或花中藏花,或以虫鸟组花,或角花与团花互为呼应,总之,根据不同的装饰部位都采用不同的形式。这些图案不仅从整体的造型上体现出了和谐均衡之美,同时也显示出了畲家女子的灵巧和智慧。

其次,这些纹案在内容上也体现出了独特的审美。凤凰是畲人的图腾之一,它是其原始崇拜的产物。畲人的盛装称之为"凤凰装",其日常的服饰上也有大量的"凤凰"图案,这些都是畲人对凤凰的尊崇意识在日常生活中的体现。

畲人服饰中除了凤凰造型,还有其他一些体现祈福纳吉的纹案造型,它们往往通过谐音、暗喻等方式来表达对美好生活的祈福。比如,谐音的图案常有:将鸳鸯绣在带藕的莲花中,谐音"鸳鸯配偶";绣五只蝙蝠围着"寿"字,谐音"五福捧寿";绣金鱼和金鱼缸,谐音"金玉满堂"。暗喻的图案常有:绣四个如意状的云卷组合而成的图案,暗喻"四合如意"。绣石榴或蝴蝶,暗喻多子,因为石榴多籽,蝴蝶多卵,它们都是畲人对种群繁衍、人丁兴旺的企盼以及对生命渴求心理的流露。畲人服饰呈现古朴、率真、美好的气息是与之生存环境和日常生活相吻合的,从中我们可以感知他们的思维方式,感受其丰富的情感世界以及积极乐观、旷达爽朗的民族心理。

## 二、色彩之中的文化内涵

"色彩"即颜色,不过古代中国"颜色"一词的意义与今天的含义并不相同。颜色最初只是指面色,比如《楚辞·渔父》里有"颜色憔悴"。《说文解字》里说:"颜,眉之间也;色,颜气也。"可见最初"颜色"指的是面色,而非万物之色彩。到了唐朝,"颜色"才有了指自然界色彩的含义,比如在唐朝诗人杜甫的诗作《花底》中写道:"深知好颜色,莫作委泥沙。"

色彩作为文化符号之一,其文化内涵与古人的信仰崇拜有密切的关系。中国传统的五色体系把黑、赤、青、白、黄视为正色,根据"阴阳五行"学说,把五行的水、火、木、金、土,分别对应五色的黑、赤、青、白、黄,由此将色彩与天道运动的五行法之间建立了联系。之后古人又将春夏秋冬等自然万象之变和颜色、五行建立了对应关系,并由此选择服饰、食物、车马、住所的变化,从而形成了五色学说。

从畲人的生活习性中,我们可以看出他们对某些颜色的偏好,在《搜神记》《后汉书》等古籍中都有关于畲人先民"织绩木皮,染以草实,好五色衣,制裁有尾形"的记载,这与《高皇歌》中龙麒身上"五色花斑"的描述是相类似的。这里的"五色"既可以是虚指,也可以是实指,虚指时意为"纵横交错"之色,实指时意为"五行之色"。畲人喜爱黑色与青蓝色,他们的服饰往往以它们为底色,再饰以其他色彩,这使得整个图案对比强烈,色彩丰富而多变,让人感到层次分明而又统一,造型古朴而具有拙趣。

所谓青色在古代是一种笼统的称呼,只要颜色有点发黄、发绿、发蓝,都可以称之为青色,比如"青草"的"青"是指绿色;"青花瓷"中"青"是指蓝色;而五色土里的青色土,其实是一种灰褐色;甚至在许多场合,青色往往还指的是黑色。比如唐代李白的《将进酒》中有:"君不见高堂明镜悲白发,朝如青丝暮成雪。"这里的"青丝"指的就是黑发。畲人服饰中崇尚的青蓝色,其颜色取自于蓝靛,也就是荀子在《劝学》中提到的"青,取之于蓝而青于蓝"中的"蓝",蓝靛也叫青靛,是一种可以提取蓝色染料的蓼科草本植物,闽东人又叫"菁",入迁闽东的畲民,因擅种蓝靛,也被称为"菁客",他们居住的村寨也被称为"菁寮"。

至于黑色在实用性上与蓝色相似,它有耐脏,不易褪色的特性,另外从颜色的深层内涵来看,黑色在我国古代是单色崇拜时间最长的色系,是众色之王,比如在传统绘画中,古人用黑色来表现一切色彩。同时黑色又是神秘之色，在《易经》中，黑色被认为是天之颜色，"天地玄黄"之说中的"玄"，即指黑色，它又有高远、高深莫测之意，老子说的"玄之又玄"就是形而上的天道，故称天玄。太极图以黑白表示阴阳合一，故黑色又是道教的象征色，畲人崇尚道教，所以黑色对于他们又带有一定的宗教意味。

从审美层面看，畲家女子的服饰以黑色和青蓝色这样的深色调为基色，以红色作为刺绣底色并以明亮的银饰装点，这在同一平面上形成了强烈的反差。其服饰中的明暗对比，给人鲜明、跳跃之美感，并彰显出一种生命的活力。

**第五章**

# 文化传承

## ——万古留传子孙唱

# 第一节　畲族文化传承的形式

关于《高皇歌》的创作时间,史籍中未有明确的记载,但从诗歌的内容来看,《高皇歌》应在唐代之前畲人安居广东凤凰山时期就有流传,之后他们迁到闽浙地区,又增添了新的歌词,形成了现今较为完整的《高皇歌》。虽然《高皇歌》在历史的传承中有增添和演化,但其文化传递的功能并没有改变,我们通过它仍能解读出许多畲人的文化信息。

## 一、理念:文化的显性传承

### (一)崇祖敬先的观念

从《高皇歌》的整体结构看,我们可以将其分为两大部分,其中以"凤凰山上安祖坟,荫出盘蓝雷子孙"为承转,前一部分是叙述先祖龙麒的神话叙事部分,后一部分是畲人生存处境的现实叙事部分。从叙述的篇幅来看,前一部分占了全诗的百分之七十的篇幅,畲人用这么大的篇幅来讲述神话历史,体现了其崇祖敬先的观念。畲人奉龙麒与三公主为民族始祖,并认为广东潮州的凤凰山有其总祠,畲民有谚语云:"山哈,山哈,不是同宗就是叔伯。"这些都可见其心中根深蒂固的族源观念。所以每到春节、清明、端阳节、中元节、冬节等重要节日，畲民会在族长的带领下，到祖祠祭拜。祭祖时，在公厅悬挂祖图，家家户户备香烛、五牲酒肉、五色米饭等，由族长率众将祭品摆向大门，朝外跪拜，请回在外狩猎身亡的先祖，然后再朝向内厅祖图叩拜。祭礼完毕，族长向后辈讲述族源，使之铭记，世代留传。

畲人崇祖首先是一种族群的自我认同，以此能达到团结和凝聚族群的目的。畲人历史上迁徙频繁，从有关史料来看，在唐初，畲人就有向粤、闽、赣边境迁移的记载，明初则由闽东的罗源、连江、左田、福安、福鼎等县陆续迁往浙南的景宁、云和、遂昌、丽水、平阳等地。对于一个迁徙的族群来说，保持族群自身人口的稳定和团结，关乎其生存和命运。祖先就像一条纽带将整个群体维系，是整个族群的精神支柱，所以祖先对畲人的生存意义非凡。其次，畲人通过对祖先的歌颂，向世人表明自己特殊的生存方式的合理性。刘克庄在《漳州谕畲》中说："畲民不悦（役），畲田不税，其来久矣。"《高皇歌》中有"清闲唔管诸闲事，自种林土山无税"，畲人的《忠勇王开山公据卷牒》中也有"各省府州县，逢山开山，遇田耕田，永无差徭"的文字记载。畲人认为自己的祖先有功于国家，所以免徭役对其来说是一种合理并且合法的生存方式。莫徭蛮是畲人的先祖，"莫徭"一称最早见于《梁书·张缵传》。据《隋书·地理志下》中记载："长沙郡又杂有夷蜒，名曰莫徭，自云先祖有功，常免徭役，故以为名。"他们活动于湖南广东一带，皆有盘瓠信仰。唐宋之际，"莫徭"在迁徙过程中，又分别形成了畲和瑶两个新的族群，畲瑶追根溯源都是从"莫徭"而来，这就是近代有些地方仍有畲瑶混称的原因。唐宋以后，"莫徭"中的"莫"字被省，写为

"徭"或"瑶"字,所以才会有刘克庄"畲民不役"之俗"其来久矣"的说法。《高皇歌》通过这种宏大的篇幅来歌颂祖先,其目的是以艺术的方式告知世人以及子孙后代其祖先的伟大,以及自己特殊生存方式的合理性。

### (二)恬淡豁达的精神

从《高皇歌》下半部的叙述看,它主要表达了畲人向往山林,乐于农耕的超脱思想。"金银财宝使唔着,开来一仓是铁器"(《高皇歌》),当高辛帝要重赏龙麒时,他在六个仓库中只挑了铁器,而放弃了金银财宝;"纱帽两耳其唔得,自愿拣顶尖尖来"(《高皇歌》),龙麒没有选择朝廷的纱帽,而选择了平民的蓬帽,这意味着他放弃了高官厚禄,自愿要去过普通百姓的生活。龙麒远走他乡,去凤凰山上落业,他不为名利所缚,"自愿唔爱好田地,山场林上自来开"(《高皇歌》),从中可见其对山水田园生活的钟情。对于外部环境,"清闲唔管诸闲事"(《高皇歌》),畲人认为外部世界的繁杂的一切皆为"闲事",他们追求的是一种人生的"清闲"。从《高皇歌》中这些超脱和恬淡的思想中,我们既可以看出他们对道教"隐逸文化"的认同,同时又有对"世外桃源"式的理想乐土的向往。

隐逸是道教崇尚的一种生活方式,它最早出现于魏晋时期,因当时社会政治动荡,民不聊生,一些文士不仅无法施展才华,而且朝不保夕,他们为了保全自己,所以一般都不过问政事。他们崇尚老庄哲学,希望在虚无缥缈的神仙境界中去寻找精神的寄托。

柔、淡、远是隐逸文化的基本风格,这些元素在《高皇歌》中都有体现:(1)柔,是老庄的境界之一,《老子》说:"天下之至柔,驰骋天下之至坚","天下莫柔弱于水,而攻坚强者莫之能胜","弱之胜强,柔之胜刚"①,这些观点阐明的是道家"以柔克刚"的思想。而畲人的行为中也有这种意识的体现,总的来说,隐者往往是弱者,但在其"弱"之表象之下,也往往有"刚"的一面。当畲人在受到"阜老欺侮难做食"时,他们会毅然决定"走落罗源侬连江";而且面对强势群体,他们的态度不是附会,而是保持自身的独立,他们对后代发出了"千万男女莫作贱,莫嫁阜老做妻人""养女若去嫁阜老,就是除祖灭太公"的忠告。他们对外和对内,分别表现出了柔和刚,这是他们逆来顺受和坚韧自尊之秉性的体现。(2)淡,就是平淡质朴,畲人祖先要回归自然,自愿去过"山场林上自来开""作山打铳都由其"的田园生活,这是他们恬淡豁达、与世无争的民族性格之体现。(3)远,就是要远离官场和权力,龙麒功成名就后,激流勇退,挂冠而去,"龙麒自愿官唔爱,一心闾山学法来",龙麒远离官场,到山林里寻求"清闲",到闾山中寻求"真法",他这种清净寡欲的思想和寻仙访道的行为,与道教清静无为的思想及自然养生的行为是一脉相承的。

畲人祖先把归隐山林,追求"世外桃源"式的乐土看作是自己的终极目标和理想,畲人在兵荒马乱中不断地踏上坎坷的迁徙征程,他们希望能够找到一块属于自己的乐土,能够安居乐业,休养生息。产生于清代中叶的畲歌《封金山》里,就道出了畲人的这种心愿,在畲族传说中,封金山被

① 《老子》第四三章、第七八章。

视为"桃花源"，它是畲民心中理想的境界，歌中唱道："封金山上好田场，三万七千串心洋。新开田地无粮纳，冬来收转谷满仓。封金山上树木长，杉树杂树满山藏。山水地盘十分好，年长月久采不光。封金山上好世界，蓝雷钟姓人丁齐。住落封金开田地，旺出子孙有大细。"《封金山》是畲人描绘的一幅理想生活的蓝图，这里有他们最美好的愿望，从中我们可以看出畲人希望寻求一方没有压迫、没有剥削，能够契合自我生存和发展的乐土，同时我们也可以看出，畲人希望结束长期以来居无定所、迁徙游走的生存局面。

### （三）族群团结的理念

《高皇歌》是畲人进行族群教育的重要载体，在《高皇歌》的下半部分，也就是畲人生存处境的现实叙事部分，"族群团结"是其传递的重要理念之一。"盘蓝雷钟一宗亲，都是广东一路人"、"盘蓝雷钟一路人，莫来相争欺祖亲"、"盘蓝雷钟一路郎，亲热和气何思量"，这些都是畲人直白表述这一理念的歌句。还有一些歌句甚至是带有祖训式的，"当初皇帝话言真，盘蓝雷钟好结亲；千万男女莫作贱，莫嫁皁老做妻人。"他们通过对族内婚姻行为的约束，使畲人族群间的团结更具可操作性。畲族主要由蓝、雷、钟等姓氏组成，他们间历来有实行三姓内婚的习俗，顾炎武在《天下郡国利病书》中说其"不冠不履，三姓自为婚"，畲人通过内婚的形式维护了自我文化的传承，在维系族群文化认同的同时，实现了族群内部的团结。

畲人族群团结理念的形成与其游耕狩猎的生活特性有密切的关系，首先由于经常迁徙，畲人到了新的环境往往容易受到原住民的排挤，所以只有依靠群体的力量才能在当地站稳脚跟。其次，山地农耕为主的作业方式，容易受到自然灾害的威胁，所以只有依靠团体的力量才能抵抗严酷的外部环境。再次，只有团结才能抵御外敌，所以畲人凡遇到侵害本族利益之事，往往会共同抵御、一致对外，比如唐高宗总章二年（公元 669 年），闽南一带畲人因与统治者有矛盾，加上文化隔阂，种族冲突严重，他们在首领雷万兴、蓝奉高带领下，团结族人，聚众反抗，抵抗的队伍与官府形成旷日持久的军事对垒，抗争整整持续了四十多年。又如在郑丰稔总纂的《龙岩县志》（民国 34 年）中记载"（畲民）一人讼，则众人同；一山讼，则众山同"，可见族群的利益被他们视为最高利益，凡涉及这些问题，他们会不惜一切代价共同进行维护。

## 二、语言：文化的隐性传承

语言是人们进行交流和沟通的工具，它最初是将声音与周围事物联系起来的符号，后来人类抽象能力逐渐提高，语言成为能够表达复杂意义的音声体系。语言的产生是人类摆脱动物式生存状态迈出的关键一步，它不仅提高了人类的传播效率，而且也促进了人类思维能力的发达。语言是人类文化传承的载体，所谓文化，简而言之，指的就是人类某一群体独特的生活方式，它是人在社会历史实践过程中所创造的一切有形或无形的东西，是物质和精神财富的总和。文化渗透于社会的方方面面，这些文化现象借助语言或文字符号得以记载和传播，所以语言既是人类文化的镜像,同时它又是人类文化的组成部分。语言可以反映一个族群的特征,通过它不仅可以折射出一个族群的历史和文化背景,而且还可以看出他们的生活习俗、人生态度以及思维方式。语言对文化的传承,不像理念的传承那么直接或显而易见,它是一种隐性的文化传承,是一种文化语境的传承。因此,我们一旦进入到了一个群体的语言系统中去,也就进入到了这一群体的文化语境中去了。

### (一)语言的分类

语言是人类区别于其他动物的本质特征之一,它是我们交际的重要工具和文化传承重要的载体,同时它还是我们进行民族识别的基本要素之一。因为任何一种民族语言,在一定程度上都反映出一个民族对客观世界的认识,语言中凝聚着人们长期生产实践所获得的经验,以及由此形成的独特的民族文化。

学者们根据语言的历史来源或语言的亲属关系对世界上的语言进行分类,他们把有亲属关系的语言归在一起,这种分类法叫语言的谱系分类法,也叫"发生学分类法",它是语言分类法之一。我们根据语言间的亲属关系,可将其分为若干个语系,语系是有共同来源的一些语言的总称,它基本上决定了语言的系属。语系之下又可按亲属关系的远近分为若干个语族,语族之下分为若干个语支,语支之下分语种。同来源的语言叫做亲属语言,语言谱系分类就是根据语言的亲属关系来进行分类的。

我国民族语言十分丰富,按语言谱系分类法,中华民族的语言大体上可分为汉藏语系、阿尔泰语系、南亚语系、南岛语系、印欧语系等五个语系,其中汉藏语系是我国最大的一个语系,它包括汉语族、藏缅语族、壮侗语族、苗瑶语族。

1.汉语族分布在我国各地,下分官话、吴、闽、粤、客家、赣、湘等七大方言,使用汉语的人群不仅有汉族,而且还有回族、满族、畲族等少数民族。

2.藏缅语族主要分布在我国西南、西北和中南地区,它分藏语支、彝语支、景颇语支、缅甸语支,主要包括藏语、羌语、怒语、彝语、门巴语、土家语、独龙语、纳西语、景颇语等语种。

3.壮侗语族主要分布在我国中南、西南地区,它分壮傣语支、侗水语支、黎语支,主要包括壮语、布依语、傣语、侗语、水语、仫佬语、黎语等语种。

4.苗瑶语族分布在我国中南、西南和东南地区,它分苗语支和瑶语支,包括苗语、布努语、瑶语、畲语等语种。

### (二)畲族语言

语言作为一个民族最具表征性的符号之一,它是文化传播中最为重要的载体,游文良先生在《畲族语言》中指出了"现代畲语"的三个组成部分:古代畲语的底层成分、汉语客家方言的中层成分和现代畲族居住地汉语方言或普通话的表层成分。[①] 畲语的语根为汉语,属汉藏语系苗瑶语族,全国各地畲族语言共通,地方差异不大。畲人虽有本民族的语言,但没有本民族文字,比如对《高皇歌》的传唱,一直是采用畲语的方言俗语进行无音乐伴奏的清唱,这些唱法

---

① 游文良:《畲族语言》,福建人民出版社 2002 年版。

在唐朝之前,就在畲人中流传了。除了口口相传,《高皇歌》也用汉字记录,但它属于对汉字的借用,其中有许多字的用法都属于方言和古畲语的用法,比如:

**1. 肽,即"看"。**

(1)盘古传到高辛皇,扮做百姓肽田场。

(2)人人肽见心欢喜,身长力大好个相。

**2. 何,即"有"。**

(1)何人心好照直讲,何人心歹佥骗人。

(2)先生医病是明功,取出金虫何三寸。

(3)千万人子肽过了,无人何敢揭榜文。

**3. 叭,即"叫"。**

(1)像龙像豹麒麟样,皇帝取名叭龙麒。

(2)叭拢将兵来请酒,兵营食酒闹纷天。

**4. 掌,即"住"。**

(1)当初出朝真苦愁,掌在石洞高山头。

(2)掌在广东潮州府,留传后代去标名。

**5. 透,即"到"。**

(1)桥上三千七里远,天时助我一时透。

　　　　　　　　　　　　　　　　(《麟豹王歌》)

(2)王头接入就进府,文武百官都行透。

　　　　　　　　　　　　　　　　(《麟豹王歌》)

**6. 怀,即"不"。**

(1)皇后耳痛便医好,金虫取出耳怀痛。

(2)今来怀是比当初,受尽平民阜老欺。

　　　　　　　　　　　　　　　　(《麟豹王歌》)

作为重要的文化内容，语言在文化认同上有着举足轻重的作用。"认同"一词源于心理学，它指某一个体对另一个体的接纳，也可解释为认可或赞同。该词之后被社会学、人类学等学科吸收，转而着重揭示个人与群体，甚至群体与群体间的归属，比如英文中的"认同"（Identity）通常就有两个含义：一是指"某些事物是相同的或一致的"，二是指"身份"，"身份"的意思中就含有群体归属之意。与宗教一样，语言也是族群认同的重要标志之一，它是社会成员对自己族群归属的认知和感情的依附。族群认同以文化认同为基础，并通过一系列的文化要素进行表现，它实际上是对共同文化渊源的一种认同。畲人文化渊源的认同中主要包含了祖先记忆、迁徙经历以及共同的血缘和族群，其中语言是其区分"我"与"非我"族群的重要标志。

除了日常生活用语，畲民的"隐语"也显示出其族群自我认同的意识。早期畲民认族亲必须出示三个指头，或写一个"汝"字，或说："一根竹劈成三条半篾"，这些"隐语"都是在暗喻盘、蓝、雷、钟三男一女是同根同宗的意思。畲家人的寻亲认祖，首先问："你的绪头是什么？"答："汝南。"这意为姓"蓝"；答："颍川"，意为姓"钟"。接着问："你的蓝是什么蓝？"答："草头蓝"；或"你的钟是什么钟？"答："金重的钟"。再问："一根竹子剖几条篾？"答："三条半"。还有问："你是钉角或盖耳？"这是问你是姓"蓝"或是姓"雷"。问："毛竹上剖还是下剖？"这是问排行轮次。问："毛竹剖几片？"这是问排行第几。问："在茅蓬上还是茅蓬下？"这是问有没有成亲。问："门前几个坎？"这是问家里有几代人；问："一个桔子分几片？"这是问家中有几兄弟。如果这些都能对答如流,就可确认为本族亲人,若对方能以歌代言,更是要以礼相待。语言是文化的核心,所以对语言的认同,继而会表现为对一种文化的心理趋同,它是一个民族精神之所在,关乎一个民族文化的继承和发扬。

### (三)语言中反映出的畲民传统文化

语言是文化的一面镜子,它能折射出一个民族社会生活的方方面面。比如游耕和狩猎是早期畲民最基本的生存方式,所以在他们的民歌语言中对这两个生产习俗多有表现,如《高皇歌》中有"凤凰山上去落业,山场地土由其种""手擎弓箭上山射,老虎山猪麂鹿何""离田三丈无粮纳,离木三丈便种山"等,山、田、弓箭、老虎、山猪,这些事物与其日常生活息息相关,我们通过其表述可以看出畲人独特的生存环境,以及游耕狩猎民族特有的文化内涵。又如畲语中畲人的自称。畲人自称有两种,一为"山哈",这是福建、浙江、江西等地的大部分畲人的自称,是广为众人知晓的一种叫法;畲人还有一种自称叫"活聂",这是广东畲人的自称。其实"活聂"的"活"正是"山"的意思。这两种叫法虽不同,但都显示出畲人与大山有着不解之缘。还有,在畲语里,"姐弟俩""兄妹俩""姐妹俩"都统称为"姐妹俩",从这些词语的构词可以看出,畲人没有男尊女卑和重男轻女的思想,这与现实中畲族女性在家庭和家族中备受尊重,其地位举足轻重是相吻合的。此外,畲语中的"买"和"卖"都说成"换",这与畲人结庐深山,以自给自足垦山种粮为主的小农生活有关,在畲民的意识中,有重农轻商的思想意识,所以"买"和"卖",对于他们来说只不过是一种物物交换的流通方式罢了。

# 三、艺术：文化的审美传承

## （一）民歌

民歌在畲人的日常生活中有独特的地位，它不仅是畲人文化娱乐活动的重要形式，而且还是他们传授历史、文化、生产、生活等各种社会知识的重要载体，如《高皇歌》就是畲人众多民歌中最具有代表性的作品之一，如果按题材和内容分，它属于叙事歌，除此之外，畲人的民歌种类还有杂歌（含爱情、劳动生活、传授知识、伦理道德、娱乐生活等内容）、仪式歌（含婚仪歌、祭祖歌和功德歌等）、传统山歌和现代山歌等。畲人民歌的传承方式在明清时期主要靠口传心记，清末开始用汉字记音，逐渐形成了手抄本，识字者可凭手抄歌本进行学唱。

情歌是畲族民歌的起源，它与春秋时期的"郑声"、汉晋时代的"乐府""子夜歌"，以及隋唐以来的"竹枝词"是一脉相承的，之后民歌又进一步发展，形成了叙事歌、时政歌、劳动歌、小说歌、斗智歌、祭祀礼仪歌等多种形式。畲人爱唱歌，善唱歌，歌是其生活中不可或缺的部分，这具体表现在他们不仅在重要的节日和重大的活动中要唱歌，而且在日常劳动中也有以歌对话的习俗。其歌唱的曲调大致可分为山歌调和师公调两大类，山歌调包括福宁调、福鼎调、霞浦调、罗连调、丽水调、景宁调、龙泉调、文成调等，师公调包括念诵调和配合做功德动作的歌唱。畲人民歌的演唱形式有独唱、对唱、二重唱、齐唱等，其中二声部重唱，又称

"双条落",这是畲人最擅长的唱法,它是由男女二人用同一歌词演唱,曲调间形成支声、和音与模仿关系的一种唱法。歌唱时男女唱歌一般都为清唱,并有一定伴随的动作,而且他们喜爱用"假声"歌唱,这符合他们山地生活的特性,因为"假声"传得远,唱时也较为省力,适合在山林间相互传唱。

畲人民歌一般是七言一句,歌词有严格的韵脚,如《高皇歌》中基本就是七言一句,每四句为一首(即一条),其韵调是:每首一、二、四句的末字用畲语的平声,第三句的末字用畲语的仄声,这样唱起来朗朗上口,类似于古诗中绝句的韵律。除此之外,畲人民歌中还有一类特色唱法,它讲究条与条间的韵律,被称之为"双条变"和"三条变"。"双条变"或"三条变"就是把每一首(条)歌的一、二、四句末尾一、二字变换,又行成一"条",使之"一变为二"或"一变为三",以此达到反复吟唱的效果。畲人民歌中这种"条变"的唱法,与《诗经》中的复沓之法有着异曲同工之妙。

**1."双条变"与《诗经》中"复沓"的比较:**
(1)畲族民歌中的"双条变":
听讲你娘今天来,兄弟情义站门边,
兄弟情义去修路,修条大路给娘来。
听讲你娘今天去,兄弟情义站门旁,
兄弟情义去修路,修条大道给娘走。
(2)《诗经》中的复沓:
羔裘豹袪,自我人居居!
岂无他人?维子之故。

羔裘豹褎，自我人究究！
岂无他人？维子之好。

（《唐风·羔裘》）

**2."三条变"与《诗经》中"一唱三叹"的比较：**

（1）畲族民歌中的"三条变"：

隔山唱歌隔山林，未见娘面听娘音；
歌音若好娘也好，句句对着郎心灵。
隔山唱歌隔山背，未见娘面听娘来；
歌音若好娘也好，句句对着郎心开。
隔山唱歌隔山遥，未见娘面听娘到；
歌音若好娘也好，句句对着郎心头。

（《隔山对歌》）

（2）《诗经》中的"一唱三叹"：

风雨凄凄，鸡鸣喈喈。既见君子，云胡不夷？
风雨潇潇，鸡鸣胶胶。既见君子，云胡不瘳？
风雨如晦，鸡鸣不已。既见君子，云胡不喜？

（《郑风·风雨》）

《高皇歌》中的有些章节，虽不是严格意思上的"三条变"，但其叠章回环的形式与产生的韵律效果，与"三条变"类似：

古田是古田，古田人女似花千；
罗源人子过来定，年冬领酒担猪爿。
罗源是罗源，罗源人女似花旦；
连江人子过来定，年冬领酒过来扮。

连江是连江,连江人女好个相;

古田人子过来定,年冬领酒担猪羊。

这种结构的特点是:三条歌之间句式相同,每句中变化一两个词,形成了内容的变化。这种叠章的形式在《诗经》中非常普遍,比如《考槃》《著》《月出》等都采用了类似的形式,以《诗经·卫风·考槃》为例:

考槃在涧,硕人之宽。独寐寤言,永矢弗谖。

考槃在阿,硕人之薖。独寐寤歌,永矢弗过。

考磐在陆,硕人之轴。独寐寤宿,永矢弗告。

叠章是一种歌谣的表现形式,这种形式既适合记忆,又适合传唱,容易上口,又不感单调,它似乎有一种合唱和轮唱的味道,能表现出生动活泼的气氛。同时,复沓的方式,能够强化感情的抒发,加深听众的感受,可达到一种韵律之美。在畲歌中的"条变"和《诗经》中的"叠章"的比较中,我们可以看出,它们都采用了每章一韵,四句一章的格式,在整齐中见变化,使诗歌在吟唱中抑扬顿挫。有所不同的是,畲歌往往采用七言一句,而《诗经》往往采用四言一句。

《诗经》是中原文化的代表作品,它记载了包括上至西周初年,下至春秋秦穆公时代,整个黄河流域及长江、汉水一带,纵横上千里的风土人情。它对后世及其他民族的影响都是非常深远的,"双条变"和"三条变"是畲族民歌中独具特色的审美表现形式,其中我们可以看出《诗经》的遗风,这从另一个侧面也可以看出畲族文化与中原文化的历史渊源。

### （二）舞蹈

畲人民间传统舞蹈多见于做功德、"拔伤"、祭祖等活动中，其类型主要有祭祀舞、丧礼舞和生产劳动舞等几种，他们的表演形式主要有独人舞、双人舞、四人舞或集体舞，其舞姿舞步多采用狩猎的动作。

### 1. 祭祀祈福舞

畲人崇拜祖先，敬奉鬼神，这在其民间舞中多有表现，如福建地区的《龙头舞》和浙江地区的《功德舞》。

《龙头舞》是畲人迎祖请龙头公仪式上的舞蹈，它是表现先祖龙麒平番有功，被高辛帝招为驸马的故事。跳舞时，队伍中有的捧祖图、有的举龙杖、有的举龙头，龙杖由房长擎举，龙头（四个）由男女各二人相对而立，用两手合举，上下反复数次，以示崇敬。

《功德舞》是在丧葬仪式时，在祖先画像前歌舞，以祈求祖先保佑亡者超生，主要是师公口吹龙角，手舞灵刀，在锣鼓敲打声中边唱（或念）边舞。根据舞蹈的动律和音乐节奏，动作大体可归纳为三大类，通称"坐蹲步"、"一步一踢"、"悠荡"。

（1）坐蹲步。坐蹲步是一只脚踏地，膝部向下颤动，模拟挑担上山或扛木头的姿势，队形为四角和左右对称等重复动作，沉稳健美，富有弹性，是畲族舞蹈中较有代表性的动作。表演时，舞者双手有节奏地转动龙角和挥动灵刀，使其发出清脆悦耳的声响，同时双腿呈半蹲状，一步一蹲，步伐简单、稳健、沉重。上身基本保持平稳，当道具向身体甩动时,略扣胸,反之则略向外弹胸,形成独特的舞蹈动律。舞者四人或八人,每两人面相对或背相对,两人动作对称,连续而做,直至乐曲告一段落。

（2）一步一踢。随着舞者情绪的变化,舞蹈速度逐渐变快,众人向里围成圆圈,双手在胸前,有节奏地转动龙角,挥动灵刀,或者放下道具,作"神手"状;同时一脚迈步,双膝微屈,同时踢出另一腿。

（3）悠荡。舞时上身俯冲,并保持一定倾斜度,双手随之荡向前,身体急速跳转。舞者有时轻盈游步悠荡;有时排列成直线,身体左右转动;有时随着情绪发展,速度加快,动作幅度越来越大,形成里外四方对阵,擦肩对背,敏捷急速的跳转。

畲人祭祀舞讲究对称,动作粗犷有力,反映出其强悍、质朴的民族性格和特征。做功德所用的道具,主要有灵刀、龙角等,其中灵刀被视为捉妖驱鬼的神刀;龙角,又称"铃号",它既可以起指挥作用,又可以渲染气氛,因其声音沉闷、音调高亢、音色燥硬,能营造出神秘诡异和紧张激越的杀伐之气。

畲人有特色的祭祀祈福舞还有闽东的巫舞《奶娘催罡》,该舞分净坛、请神、踩罡三个章节,它通过日常生活情节和生产活动的若干画面,塑造了驱妖镇魔的女神陈十四娘（陈靖姑）的形象。这段表演中奇特的舞步和音乐,体现出浓重的畲族风味,其中还蕴含了诸多原始神秘的元素。

**2. 生产生活舞**

畲民在日常劳动中创作了许多反映生产劳动的传统舞

蹈,具有代表性的有《猎步舞》《栽竹舞》和《敬茶舞》等。

(1)《猎步舞》,也叫《踏步舞》,它是由四个男子扮演猎手,来表现畲族祖先狩猎时与野兽勇敢搏斗的情景,整个舞蹈自始至终随着锣鼓点不断地变换节奏,极富生活气息。

(2)《栽竹舞》反映的是畲人种竹和用竹造纸的过程。表演者按锣、鼓、钹的打击节奏,边舞边唱。舞步以"小跳步"和"踏步蹲"为基本步伐,手脚同时顺着左右进退的韵律不断地转圈,动作轻快明朗。歌词叙述栽竹、砍竹、浸竹、烈浆,直至制成纸的全过程,每个环节都反映着畲民劳动的艰辛,同时洋溢着喜悦的心情。

(3)《敬茶舞》是带有仪式性的舞蹈,至今仍保留在福建畲族传统的婚礼中。敬茶是畲人的传统礼节,由新郎等十名男子,面对面站成二竖排,在一名端茶者带的领下,跳起"敬茶舞"。舞时端茶者手捧茶盘,双臂向上晃一圆圈端至胸前,踏步屈膝向众人做施礼的动作,众人肘部架起,双手手指交叉于胸前,同时屈膝做回礼动作。端茶者循一定路线,按东西南北方向反复做"施礼"动作。舞蹈过程中,端茶者和其他表演者以吉祥话相互祝贺,整个场面热闹欢快。

## (三)武术

武术在现实生活中有很强的实用性,它既可以防身御敌,又可以强身健体,同时还具有一定的观赏性,从一定意义上说,它是没有伴奏的"舞蹈"。畲民练武之风颇盛,其武术分为拳术和棍术两种:拳术有八井拳、畲家拳、蓝技术拳、法山拳、连环拳、八发拳、翻门拳、六九拳、勒步拳、八发转翘拳;棍术有打柴棒、柱杖、锤家棒、开武子五棒、柳叶子棒、七星子五棒等。畬民的武术中以"八井拳"和"打柴棒"最有特色。

### 1.八井拳

八井拳流传于福建罗源县的八井村,故称之为"八井拳"。传说是明成化年间,由广东迁至此处的雷氏兄弟带来,后在当地开始流行的。该拳既有中国南拳刚健有力、迅速凶猛的特点,又有完整的攻防套路,因而独具风格。八井拳基本套路有龙庄、虎庄、半龙虎庄、五虎、七星、十八罗汉等,整个套路以"半龙虎庄"为基础,其他像龙庄、虎庄、五虎、七星、十八罗汉等都是在半龙虎庄的基础上发展起来的。"半龙虎庄"共有十二个动作,分别为:三箭、挖鞭、三击、牵基、圆化、赴掌、推马、掩耳、摘桥、三垮、按手、十字,每个动作基本是三步一反复,作完一个动作便要大喊一声,即"开声"。"半龙虎庄"每个动作攻防结合,步伐稳健,节奏分明,连贯自如,其动如龙蛇飞舞,静如观音坐莲。

### 2.打柴棒

打柴棒,又称"盘柴槌",它是流行于闽东畬族地区的一种民间棒术,相传起源于畬族发祥地潮州凤凰山,为畬族先人雷乌龙首创。盘柴槌分为长棍和短棍,长棍又叫丈八棍,长一丈二尺,单人耍弄。在清代以前,棍头一端加有铁制的棱尖,狩猎中三米以外就能刺到猎物,这种棍通常用于对付野兽。后畬民定居农耕,慢慢放弃长棍的棱尖,使之变成了今天的长棍;短棍,长六尺,又称齐眉棍、梅花棍,它是畬人当时为了抵御外人侵扰而使用的防御性工具。棒术的招式繁多,有七步、九步、三步进、三步退、四步半、五步跳、双头槌、猴子翻身、公牛转栏、金鸡啄米、老蛇吐吞、天观地测等动作,每个动作都有攻有防,攻防结合,步伐刚猛有力,招招实用,显示出稳健而又灵活的风格。

# 第二节 客畲文化相互的影响

## 一、客畲文化之渊源

"客家"一词,在客家语与汉语广东方言中均读作"哈嘎"(HAKKA),含有"客户"之意。客家民系是汉族的一支,属中原汉人,由于战乱,他们背井离乡,辗转迁徙。历史上客家人大规模的南迁有六次,有史可考的记载显示,第一次南迁始于秦始皇发兵南征百越时期。这些南下的秦军长期"戍五岭,与越杂处"①,秦亡后,南下的秦兵留在当地,成为首批客家人;第二次大规模南迁是在西晋末期的"永嘉之乱"和东晋"五胡乱华"时期。当时为了避难,一部分中原居民辗转迁入闽粤赣边区;第三次是在唐末黄巢起义时期。唐朝安史之乱,给百姓带来巨大灾难,迫使大量中原汉人南迁,到了唐末黄巢起义,又有大批中原汉人南下迁入闽粤赣区,而此时客家方言出现萌芽;第四次是宋室南渡及宋末时

---

① 《资治通鉴》卷七《秦纪二》。

期。金人入侵中原,攻破汴京。建炎南渡,一部分官吏士民流移太湖流域一带,另一部分士民或南渡大庾岭,入南雄、始兴、韶州,或沿走洪、吉、虔州,而后由虔州入汀州,或滞留赣南各县;第五次是在明末清初时期,当时生活在赣南、粤东、粤北的客家人一方面因人口繁衍,另一方面因关外满人入侵中原的影响,遂向川、湘、桂、台诸地以及粤中和粤西一带迁徙;第六次是19世纪中叶太平天国时期。因广东西路事件以及太平天国运动的影响,而引发部分客家人的迁徙。除这六次大规模的南迁外,中原汉人也有因旱灾水患逃荒而南迁者,另有历代官宦、贬谪、经商、游学而定居闽粤赣边地区的。不过并非所有南迁的汉人都成为客家人,他们中只有闽粤赣系和源自这一系的人,才被称之为客家人。作为民系,它应该是一个文化上的概念,所以,对于客家人的界定,我们不应该以血缘种族进行区分,而应该以"文化"为标准进行判别。关于这一观点,陈寅恪先生有过精辟的论断,他在《唐代政治史述论稿》中他说:"汉人与胡人之分别,在北朝时代文化较血统尤为重要。凡汉化之人即目为汉人,凡胡化之人即目为胡人,其血统如何,在所不论。"①在具体考证《魏书》中的江东民族时他又说:"寅恪尝于拙著隋唐制度渊源略论稿及唐代政治史述论稿中,详论北朝汉人与胡人之分别在文化,而不在种族。"②

---

① 陈寅恪:《唐代政治史述论稿》,上海古籍出版社1997年版,第16页。

② 陈寅恪:《金明馆丛稿初编》,上海古籍出版社1980年版,第106页。

　　客家人与畲人的文化之所以会互相影响，重要的原因之一在于其居住地域的接近。南来之后的客家人，居于武夷山脉和南岭山脉的闽粤赣边地，闽粤赣边区的土著居民属百越系统，一般而言，江西为扬越，广东为南越，福建为闽越。直至汉初，这一地区仍主要居住着不同支系的越人即百越族群。所以历史上闽粤赣边地存在着重叠的三层文化：底层为土著百越文化；中层为源于五溪地区的畲瑶文化，畲瑶同属"盘瓠蛮"系统，本是同源，但其后产生分流，由湘南向南跨五岭者主要为瑶，由湘南入赣闽粤者主要为畲；上层为来自中原的客家文化。这三种文化相交，必然产生相互融合的关系。

　　从畲文化看，它显现出的就是一个多元共生的复合格局，突出地表现在畲人既信奉龙麒传说，又崇拜凤凰；既深受汉文化的影响，又顽强地保持着自主自立性；既说客家话，又操瑶族的"布努语"。从客家文化看，它既有中原传统文化的成份，也有古越族或畲瑶等少数民族文化的因素，同时还混合着粤闽赣及其他地域文化的斑迹。所以在混杂交融的复杂情况下，畲族文化和客家文化互为影响也是顺理成章之事。

　　其次，他们类似的经历和生存环境也是两者能够融合的重要因素。客家人与畲人都属于迁徙的民族，客家人广东方言中均读作"哈嘎"，畲人自称"山哈"或"山客"，他们都是以"客"自称的族群。先来为主，后来为客，畲人称"客"是相对于先来的汉人而言的，而客家人虽为汉人，但他们却晚于畲人，所以他们相对于先来的汉人和畲人来说都属于"客"。因为同样都是迁徙的族群，客家人与畲人生存的地理位置都不如先来的汉人优越，所以他们只能在一些贫瘠的山地上从事农耕活动。类似的生存环境和迁徙文化，使这两个族群在文化的沟通和交流上，更容易彼此接纳。所以在他们的信仰、生产、饮食、服饰等诸多方面，我们都可以看出这两者文化互为影响的印记。

## 二、文化交融之印记

客家人主要是宋代中原汉族大量南迁时流入闽，粤，赣交界山区的一个群体，而畲人则是当时这个区域的土著居民，这就形成了客、畲两支群体在同一地域共同生存的局面。客家人属于汉族民系，但因与畲人有着类似的经历和生存环境，其文化在一定程度上也受到畲族文化的影响。客家文化从思想、语言、伦理、道德乃至日常生活习俗上，都与畲族文化具有相似和相融的特征，这就是其文化的特殊性。所以，客家文化是介于传统汉文化与畲文化之间的融合性文化，我们从客家人生产、生活等诸多习俗上，都可以发现这种交融文化的印记。

### (一)信仰

广东雷州是古越族聚居之地，古为南交、周号越裳、楚属扬州、秦名象郡、汉置徐闻、隋称古合、唐改雷州，皆属南荒要服，它是历史上楚越文化、闽南文化、中原文化的交汇之地。唐五代至宋元时期，不少中原汉人、闽南人为躲避战乱，南迁至雷州，成为了客家人，他们带来的民族宗教与雷州的民俗宗教文化相融合，使雷州的文化变得多元，逐渐形成了自成体系的地域文化。雷州半岛属古扬州之地，历史上有"扬越之南""骆越"之称。古代的骆越族即为后来的俚、瑶、僮、侗、僚、黎等族的祖先。骆越族有一支以犬为图腾的部落，秦汉时期被称作"盘瓠蛮"，交趾、合浦、儋耳是其聚居之地。秦军"五十万人戍五岭，与越杂处"，古雷州也为汉越族群杂处地之一，这使骆越族的图腾崇拜习俗在雷州得以传承，雷州石狗就是汉越文化融合的产物，而越文化与畲瑶文化则是一脉相承的。

在传承的过程中，由于中原汉族与闽南人不断地迁居雷州，他们带来了各自的民俗信仰，并逐步添加了各种汉文化的内容。在现存的石狗文物中，大量石狗均伴有铜钱、八卦、石鼓等附加雕刻，有些石雕基座上还有"石敢当""敕石敢当""麒麟在此"等汉字。雷州石狗原先只被安置在门口或宗庙寺观前，后受到道教驱邪镇魔之符法的影响，逐步演化为能赐财福、添丁寿、主功名、主正义、镇魔驱妖、能司风雨、祛邪消灾的守护神灵。还有雷州人有给小孩取名为"昵狗""狗仔""狗生""狗保"，并让其戴"狗仔帽"，穿"狗弄衫"（类似马甲）的习俗，城乡还普遍在门口、巷口、村口、路口、井口、河口、庙前、墓前都祀立石狗，每月初一、十五早晚按惯例要为石狗烧香供茶，年三十要为石狗披红结彩，遇有红白喜事时也要加以拜奉。石狗成为雷州城乡普遍性的民间信仰，这也是畲瑶文化与客家文化互为融合的产物。

### （二）生产

烧山种畲是畲民惯用的一种生产技术，而在客家山民

的生活中,也可见到类似的情形,特别是明清以来被称之为
"棚民"的客家山民,其烧畲、种著与畲民一致,由此可见畲
族生产、生活方式与客家人是有一定文化渊源的。

### 1. 种旱稻

畲民擅长种植一种旱作禾稻,这种稻谷适合在山上的
旱地种植,因其多为畲民所种,所以又被称之为"畲稻"。粤
东客家人的旱稻品种之一"菱禾",早年就是从畲瑶族人中
传入的。据宋朝王象之的《舆地纪胜·广南东路·梅州》
载:"菱禾,不知种之所自出,自植于旱山,不假耒耜,不事灌
溉,逮秋自熟,粒立粗粝,间有糯,亦可酿,但风味差不醇。
此本山客畲所种,今居民往往取其种而莳之。"可见早在宋
代,梅州客家人已效法"山客畲"人种植旱稻菱禾。

### 2. 种菁

明清以来居住在闽粤赣边区,被称之为"棚民"的客家
山民,其从事的生产与畲民烧畲、种菁基本一致。福建人称
蓼蓝为"菁",它是一种可以提取蓝色染料的草木植物,历史
上畲民有高超的种菁技术,故史上也把福建汀州的"畲民"
称为"菁民",据明朝熊人霖《南荣集》的记载,畲民有"刀耕
火耨,艺蓝为生"的习俗。畲民的"种菁"技术,传入客家地
区,还形成了汀州的上杭、永定以及粤东梅州、兴宁等地的
"靛青业"空前繁荣的局面。

### 3. 狩猎

狩猎乃畲民传统的经济活动。畲民多数定居深山,常
有野兽出没,造成了畲民在生产生活中一大障碍。畲民为

了生存,因此也养成了狩猎的习俗,代代传承。客家人从畲民手中学会了一套狩猎技能,如使用弓矢、伏弩对付田鼠、野兽之类。与畲民相似,耕猎结合成为早期客家山民的基本经济形态。

## (三)生活

客家人南迁后,为适应当地自然环境和人文环境,改变了原有的中原生活习俗,其中不少习俗都受到了畲瑶等南方民族的影响。

### 1. 椎髻

椎髻,是指将头发盘于头顶或脑后成为"椎"形的发式,这与传统汉族的笄饰不同,清同治年间的《汀州府志》说:"(畲民)女不笄饰,裹髻以布",现在这一发式在畲人的一些场合中还有保留,比如福鼎的畲族女子出嫁时,都把头发纽成一束,高高地堆在头顶,结成髻,冠以尖形布帽。旧时客家妇女已婚后,均梳髻,如武平的客家妇女的辫发很多是盘成形如独木舟的高髻,谓之"船子髻",她们这种盘发之俗,与畲人的习俗十分相似。

### 2. 东头帕

客家妇女历来有戴"东头帕"的习俗,东头帕即包头布,"东"是客家方言语音,为"蒙"的意思,头帕前方折成锐角形,用布质宽带系紧,既可以遮阳挡光,又可作装饰之物。这种发饰的原始形态应是一种裹髻的布饰,这与畲人"裹髻以布"的习俗类似。

3.跣足

跣足,即赤脚。畲家女子要参加生产劳动,古无缠足之习,加之南方炎热,所以其还有跣足之风,这与中原冠履之制相违,因而"椎发跣足"常被视为"蛮族"的标志。与畲人相似,客家女子不缠足,善劳作。明代谢肇淛《五杂俎》中有载:"今世吾闽兴化、漳、泉三郡,以屐当靸,洗足竟,即跣而着之,不论贵贱男女皆然,盖其地妇人多不缠足也。"明清时期缠足之风盛行,而广东、福建一带的客家妇女未染此习,仍为天足,显然是受畲瑶习俗影响。

4.喜青蓝

与畲人一样,客家人在衣着的颜色上,也偏爱青蓝之色,比如民国时期,客家人特别喜欢一种叫"阴丹士林"的蓝布。客家人对青蓝色的喜好,与其从畲人那里学习种菁技术有一定的关系。

5.擂茶

畲人有"擂麻茶"、"打油茶"的礼俗,其制作方法是:将茶叶、生姜、蒜头拌匀,茶油和盐炒熟,冲水煮开,油茶有驱寒、祛湿、消食的作用,适合畲人山区的生活。客家人的"擂茶"与之相似,客家人多以擂茶待客,待客的擂茶分荤素两种。素的擂茶加花生、豇豆或黄豆、糯米、海带、地瓜粉条、粳米粉干、凉菜等;荤的擂茶则加炒好的肉丝或小肠、甜笋、香菇丝、煎豆腐、粉丝、香葱等配料。我们从擂茶和打油茶的原料及制作上,都可看出客家人与畲人在生活习俗上的渊源。

# 第三节　现代语境之下的传承

## 一、畲族文化的传播形式

传播作为人与人、人与群体、群体与群体之间的社会信息交往，实质上是一种文化信息传递和互动的过程。人类文化传播的发展经历了漫长的历史，根据各时期使用的主要媒介不同，我们将其发展大致分为信号传播、语言传播、文字传播、印刷传播、大众传播五个发展阶段。信号传播时代，大约是在距今7000万—150万年前，那时人类与动物的区别并不大，严格意义上说，那时候的人并非真正意义上的人，他们只是靠动作、表情或简单的音节来传递信息，以此完成共同狩猎等生产活动。到了距今十万年前，当语言出现时，人类才从野蛮走向文明，真正摆脱了动物社会，成为了真正意义上的人。《高皇歌》在结尾唱道："高辛皇歌传世宝，万古留传子孙唱。"可见畲人习惯的传播方式是"歌传"，山歌作为畲人文化传播的重要载体，它的流传主要是依靠世世代代的口口相传，虽然口头传播是人类传播中最重要的形式之一，但它毕竟是一种最原始的传播方式。其特点主要是：（1）传播的亲近性。口头传播是指传播者（说话人）通过口腔发声并运用特定的语词和语法结构及各种辅助手段向受传者（听话人）进行的一种信息交流，它是人与人之间最亲近的一种传播方式。口头传播有一定的便捷性,但又存在时空的局限性。畲族山歌主要是从亲人、朋友处学唱,依靠一代又一代人的口传心授传承下来的,并且它在许多场合中有一定的交际功能,通过唱歌可缩短人与人之间的距离。(2)传播的随意性。人在传播过程中容易随意增删或添油加醋,最后出现与最初传播时不尽相同的信息。有的山歌畲人完全是信手拈来,即兴演唱的,即使像《高皇歌》这样严肃的祖宗歌,也难免的传播过程中出现变动,这也就是《高皇歌》在民间存在多种不同版本的原因。

　　"优胜劣汰,适者生存"是生物进化论的一个重要命题,在文化的竞争与融合中,也存在着优势征服劣势的文化进化论现象,也就是越先进、发达、文明程度高的文化,就越容易得到传播和扩散。所谓优势的文化是指能够给人类带来改观,更加符合人类本性和需要的先进文化,在实际传播中表现出较强的传播力,一种文化就是通过其优势扩散的功能,来促进人类社会的不断发展。中原的汉族文化是在漫长的传承中,最终确立起来的优势文化。从畲汉文化的交流和融合看,自从唐代在闽粤赣三省交界的畲民居住区域设置郡县之后,汉族文化对畲族的影响日渐扩大,随着畲汉杂居,交往和通婚数量增加,畲族从宗教信仰到生活习俗都不同程度地受到当地汉族文化的影响。当然文化的渗透是相互的,在当地汉族文化中也渗透了一些畲族文化的成分,特别是在宋代,当时大量中原汉族南迁流入以畲民为土著的闽粤赣交界的山区,成为客籍群体。在这一地域里,客、畲两大群体和睦相处,形成文化的互动,所以他们在思想、语言、伦理、道德以及日常生活习俗上都有相似和相融的特征。其次在文化传播中,文化适应也是影响文化传播的重要机制之一,它反映了文化的一种选择性,当一种文化传播到另一个文化圈中时,它必须适应这一文化圈的特殊情形,没有这种适应,传播便不能正常进行,甚至可能半途夭折。汉文化具有很强的包容性,因此它在传播中往往容易被其他文化所接纳。

在畲汉文化的融合过程中,畲人更多地吸收了中原文化,从中我们可以看出优势文化在传播中的影响力。当然,一种文化先进和落后与否,并不是一成不变的,它会因社会的发展变化而不断变化,曾经是文明先进的文化也可能落伍淘汰,所以一种文化只有足够的开放和包容,才能保持自身的先进。

## 二、现代语境下的保护和利用

应该说我们传统的民族文化,归根到底还是农业社会的产物,所以,在我国偏远、封闭、欠发达的农村地区,往往是原生态文化保存相对丰富和完整的地区。相比而言,南方的局域性文化较北方更为多样,这与其局域性的沟通有关,比如北方地区地势平坦,区域流动便捷,人群接触频繁,因而北方一些地区文化之间存在更多的相似性;而南方多山脉丘陵,平原地区则多径流纵横,地形破碎,区域流动相对困难,各地区之间相对独立,沟通接触偏少,文化间差异较大,于是就形成了相对独立的区域性文化环境。然而在全球经济化的大背景下,人类交流变得日益频繁,人群观念趋于同化,与其他少数民族文化一样,畲文化这种小众化的文化正面临着被淡化的趋势。那些具有民族特色的技艺、语言、服饰等传统文化正濒临消亡,有课题组以潮安县李工坑、碗窑、山犁、雷厝山等村为例,对潮州畲族村的文化习俗变迁进行了考察,他们对李工坑 20 户人家的调查结果如表 3:

**表 3　李工村畲族民情调查**

| 年龄阶段 | 使用语言 | 使用畲语环境 | 备注 |
|---|---|---|---|
| 60 岁以上 | 畲语、潮州话 | 村里、家里 | 生活上以畲语为主 |
| 30 岁到 59 岁 | 畲语、潮州话 | 村里、家里 | 畲语使用频率低于潮州话 |
| 30 岁以下 | 畲语、潮州话、普通话 | 村里、家里 | 以潮州话为主 |

所以课题组认为,近年来,李工坑畲民在生活上虽然还是使用畲语,但已经日趋淡化了,甚至有被潮州话取代的趋势。[①] 究其原因我们不难发现,即使偏远地区的少数民族也同样享受到了现代化所带来的便利,现代化已渗透到人们生活的角角落落。

原生态民族文化是一种弱势文化,极易受外来文化的冲击。随着全球一体化的强势冲击,一些少数民族文化式微,它们逐渐被主流社会的主流文化所取代。目前,一些原生文化保存较好的地区,都是因为偏远和封闭,较少受外来文化和现代化的干扰而得以幸存,但与之相伴的往往是贫

---

① 根据 2006 年 7 月 9 日—22 日,课题组成员李远宁、张晓、赖建民、麦伟泽及李春意对潮安县文祠镇李工坑村进行的三次调查,整理统计而得。

穷和落后。我们一方面要改善其生存状态，一方面又要保存其原始文化，这是一对无法调和的矛盾。而且许多传统文化本身缺乏生存竞争力，其传承者文化的自然保护能力和意识都比较薄弱，所以其传承形势非常严峻。

文化是人的一种生存方式和生存环境，一个人或一个群体有选择自我生存方式的权利，所以当一种文化只是为了存在而存在的话，那么它已经变成了一种文化的表演，而非"活着"的真实的文化了。虽然从旅游开发的角度看，那些原始文化有一定的利用价值，但由于其失去了生活中的实用价值，其文化传承往往后继无人，所以在现代化的进程中被放弃被淘汰也在所难免。

从整个人类历史的发展看，因为整个文化生态已经发生了变化，民族以及区域文化的淡化是一个不可逆转的趋势。首先，畲族人民的生活方式被主流化。比如现在畲民穿民族服装的习俗已经淡化，他们中的许多人日常穿着与汉族人没有什么两样。在民族融合的背景下，他们生活的自然环境和社会文化环境都与祖辈们不同，而且他们也改变了不与外族通婚的习俗，在这种交融中他们的生产生活方式已经与主流社会几乎没有什么差别了。其次，作为传承主体的畲族青年大量外流。一些畲族青年的谋生方式、生活习俗以及居住环境都与祖辈有着天壤之别，他们有的外出求学，有的外出创业打工，在年轻人中会唱本族民歌的为数不多，有的年轻人甚至已经不会说畲族话了，畲族的传统文化传承面临着断档的局面。除此之外，一些传统的物质文化遗产正逐渐消失。因为城镇开发、乡村建设等原因，一些畲族的古民居被拆除，取而代之的是新型的洋房。

以上这些现象的出现是时代发展的必然结果，我们不能因为需要保留一些原始的文化，就不允许他人改变其生存方式，任何一个个体都有自我选择文化和生活方式的权利和自由，选择更优越的生活方式是人的本能。目前，一些传统的民俗正面临着失去传承的土壤，传统的家传、师传等传承方式的作用也大为削弱。但这并不意味着我们要消极地去对待少数民族文化的传承和保护问题。中华文化是一个多元文化体系，它是由多民族、多语言和多文字组成的。虽然一些少数民族的文化代表的是弱势文化，但它们同样是中华民族文化中不可或缺的一部分，同时它们还是一个族群的集体记忆和精神寄托，其中沉淀着这一族群历史创造过程中的一些原始"密码"，这对于我们了解我们的民族以及整个人类的发展都是不可或缺的遗产，就畲族文化而言，下一步我们将如何进行保护呢？

## （一）文化的自觉与创新

文化自觉的观点最初是由费孝通先生提出来的，他说："文化自觉只是指生活在一定文化中的人对其文化有'自知之明'，明白它的来历，形成过程，所具的特色和它发展的趋向，不带任何'文化回归'的意思，不是要'复旧'，同时也不主张'全盘西化'或'全盘他化'。自知之明是为了加强对文化转型的自主能力，取得决定适应新环境、新时代时文化选择的自主地位。"[①]费老后来将此概括为十六个字："各美其

---

① 费孝通：《反思·对话·文化自觉》，《北京大学学报（哲学社会科学版）》，1997年第3期，第22页。

美,美人之美;美美与共,天下大同"。所以要想实现文化的自觉,必须进行文化的自我创新,使之适应新的环境和时代。以畲族民歌为例,畲族民歌的历史非常久远,有畲歌云:"水连云来云连天,畲家唱歌几千年","歌是山哈传家宝,千古万年世上轮"。民歌之所以能成为畲族文化中最重要的部分是有其历史原因的,历史上畲人在文化传承中没有形成自己的文字,其历史、故事、谚语、音乐等,都是靠口传心授的方式来传承的。所以,畲族从有了自己的民族"记忆"起,就有了歌唱的风俗。畲族人民的整个生活内容都与民歌有关联,唱民歌是畲族人民文化生活中最重要的一种活动形式。他们在劳动中,以歌为乐;喜庆时,以歌为贺;恋爱时,以歌为媒;社交上,以歌代言;祭祖时,以歌代词;丧葬时,则以歌代哭等。但是到了现代,这些传统的形式越来越被人们遗忘,取而代之的是一些流行的音乐,这不能不说是一大遗憾。不过近年来像丽水一些地方的音乐工作者,他们在畲族音乐中加入了现代的创作手法,使畲族歌舞大放异彩,比如他们创作的四幕风情歌舞剧《畲山风》、四幕畲族音乐舞蹈诗《畲家谣》、四幕大型畲族风情歌舞《诗画·畲山》,在省内乃至全国都取得了极大的反响,这对于提升民族民歌创新发展起到了积极的作用,同时这也为古老的畲族民歌接轨现代社会,探索出了一条成功的路子。

文化创新是保持文化生命力的重要途径,它的基础是文化的自信,这是畲族传统文化传承和保护的根基所在。自信是畲族文化内源式发展的基本动力,一切来自于外部的推动力都应通过这个内因发挥作用。由于历史的原因,畲族人民长期以来处于一种文化自卑的状态中,不过随着社会经济的发展，畲族群众的政治、经济、社会地位都已经发生了翻天覆地的变化，畲族群众的文化自卑感正在减弱，文化自信心正在逐步确立。所以在文化的传承上，我们要有意识地引导畲族群众正确地看待自己的传统文化和外界文化，使他们树立起文化的自信，有了对自己民族文化的自信，才会坚守自己的民族文化，这在与外界的文化交流中才可能不被轻易地改变。

## （二）适度开发和利用民族文化资源

对民族文化资源的开发和利用其前提是"保护"，因而所谓的开发也应当是"适度"的开发，而非简单的采用"文化搭台，经济唱戏"的做法。"文化搭台，经济唱戏"的方式，其落脚点还是注重经济的发展，它的操作方式也非常简单，如政府通过诸如文化特色、历史名人来招商引资，拉动地方经济的发展。这种模式在短期里确实可以制造出文化的"火热"，也会制造出经济的"火热"，但这种"火热"是一种"虚热"，它是对文化资源的一种滥用，对文化的发展和传承并没有起到积极的作用。我国《非物质文化遗产法》第四条中提到："保护非物质文化遗产，应当注重其真实性、整体性和传承性，有利于增强中华民族的文化认同，有利于维护国家统一和民族团结，有利于促进社会和谐和可持续发展。"像一些地方打着文化的旗号，把民族民俗文化变成了一种招商手段，这些为了商业目的而打造出来的所谓特色文化，因脱离了民众生活的根基，其实质已经剥离了文化本身所具有的内涵，所以都属于伪民族文化。因此，政府在开发和利用民族文化资源时，一定要抵挡住经济的利益和政绩的诱惑,要本着继承和弘扬优秀传统文化的目的,坚守"适度"利用的底线,不能因过度地追逐市场效益,而牺牲了对传统文化的保护和传承。

### (三)构建民族文化保护的保障体系

近年来,各地对民族文化保护的认识普遍增强,一些省市在民族文化的保护上做了许多工作,也积累了不少经验。在具体的实施过程中,我们应该把握几个基本原则:一是要政府主导、社会参与。民族文化保护工作是各级政府的责任,政府要发挥主体作用,制定规划、组织力量、落实经费、加强管理,积极引导,同时要坚持政府保护与民间保护相结合,财政投入与社会资金投入相结合,调动社会各方面的积极性,积极吸纳社会资金,参与工程建设。二是要长远规划、分步实施。在制定规划中要根据经济社会发展的实际,与经济社会发展规划相衔接,做到立足长远,切实可行,一切从实际出发,循序渐进,逐步实施。对那些具有重大历史、文化和科学价值或处于濒危状态的门类和项目都要优先安排,抓紧抢救。三是要明确职责、形成合力。文化部门作为具体管理部门,需要与各方面协调,动员社会各方面力量,真正将这项工作纳入到当地经济和社会发展总体规划和财政预算中去。

同时,我们要制定好畲族传统文化保护的长期规划,其主要内容是:一要摸清历史家底。即在普查、登记、编纂各类名录的基础上,建立全面反映中国民族民间文化基本面貌的档案资料数据库;二要建立对文化传承人的保护机制。非物质文化遗产是一种活态文化,它的特点是离不开人。

对濒临失传、又具有重要价值的畲族文化我们要采取重点扶持,通过资助扶持等手段,加强对民间艺术传承人的培养和保护,建立比较完善的民族民间艺人的传承和保护机制;三要通过建立民族文化生态保护区、民族文化博物馆等手段,使有价值的民族民间文化种类得到有效保护。同时要充分利用现代科技手段,对优秀的民族文化项目进行保护和传播,使民族文化真正成为"活"的文化。

# 附　录

## 一、高皇歌
## （浙江民族事务委员会编写版）

盘古开天到如今，世上人何几样心；
何人心好照直讲，何人心歹俭骗人。
盘古开天到如今，一重山背一重人；
一朝江水一朝鱼，一朝天子一朝臣。
说山便说山乾坤，说水便说水根源；
说人便说世上事，三皇五帝定乾坤。
盘古置立三皇帝，造天造地造世界；
造出黄河九曲水，造出日月转东西。
造出田地分人耕，造出大路分人行；
造出皇帝管天下，造出人名几样姓。
盘古坐天万万年，天皇皇帝先坐天；
造出天干十个字，十二地支年年行。
天皇过了地皇来，分出日月又分岁；
一年又分十二月，闰年闰月算出来。
地皇过了是人皇，男女成双结妻房；
定出君臣百姓位，大细辈分排成行。
当初出朝真苦愁，掌在石洞高山头；

有巢皇帝侬人讲，教人起案造门楼。
占人无食食鸟兽，夹生夹毛血流流；
燧人钻木又取火，煮熟食了人清悠。
三皇过了又五帝，五个皇帝先后排；
伏羲皇帝分道理，神农皇帝做世界。
神农就是炎帝皇，作田正何五谷尝；
谷米豆麦种来食，百姓何食正定场。
神农皇帝真聪明，教人采药医病人；
亲尝百草医毛病，后来成佛做灵神。
神农过了是轩辕，造出何车又何船；
衫衣亦是轩辕造，树叶改布着巧软。
轩辕过了金天皇，何道何理坐大堂；
传位颛顼管大下，历书出在颛顼皇。
颛顼以后是高辛，三皇五帝讲灵清；
帝喾高辛是国号，龙麒出世实为真。
盘古传到高辛皇，扮做百姓肱田场；
出朝游行天下路，转去京城做朝皇。
贤皇高辛在朝中，刘氏君秀坐正宫；
正宫娘娘得一病，三年头昏耳又痛。
高辛坐天七十年，其管天下是太平；
皇后耳痛三年久，便教朝臣叹先生。
先生医病是明功，取出金虫何三寸；
皇后耳痛便医好，金虫取出耳怀痛。
取出金虫三寸长，便使金盘银斗装；
一日三时仰其大，变作龙盂丈二长。
变作龙盂丈二长，一双龙眼好个相；

231

身上花斑百廿点,五色花斑朗毫光。
丈二龙盂真稀奇,五色花斑花微微;
像龙像豹麒麟样,皇帝取名叭龙麒。
龙麒生好朗毫光,行云过海本领强;
人人肷见心欢喜,身长力大好个相。
当朝坐天高辛皇,国泰民安谷满仓;
番边番王恶心起,来争江山抢钱粮。
番王作乱反过边,手上兵马何万千;
争去地盘几多郡,边关文书报上京。
番边大乱出番王,高辛皇帝心惊慌;
便差京城众兵起,众兵派去保边疆。
番边番王过来争,齐心去守九重城;
京城兵马何千万,众兵使力守京城。
调去兵马十万人,打了一仗失了兵;
又差上将带去打,高辛皇帝是劳心。
番边兵马来的强,高辛兵马难抵挡;
打过几回都输了,退兵回转奏高皇。
高辛接本心惊慌,便叭朝官来思量;
一切办法都使尽,挂出皇榜招贤郎。
皇帝准本便依其,京城四门挂榜词;
谁人平得番王乱,第三公主结为妻。
皇榜内里表灵清,谁人法高挂帅印;
收服番边番王乱,招为女婿再封身。
榜词挂在四城门,众人来肷闹纷纷;
千万人子肷过了,无人何敢揭榜文。
挂出皇榜三日正,龙麒晓得近前仰;

随手便来收皇榜，收落皇榜在身边。
朝官带其见皇帝，龙麒自愿去平西；
领旨转身唔见影，一阵云雾去番界。
龙麒来到番王前，番王肽见快活仙；
带在身边实欢喜，时时刻刻侬其行。
龙麒自愿去番边，服侍番王两三年；
何计何谋何本事，天地翻转是我赢。
番王出兵争江山，回回打仗都是赢；
叹拢将兵来请酒，兵营食酒闹纷天。
兵营请酒闹纷纷，番王食酒醉昏昏；
一日连食三顿酒，散了酒筵就去困。
番王酒醉眠高楼，身盖金被银枕头；
文武朝官唔随后，龙麒割断番王头。
割断王头过海河，番边贼子赶来多；
枪刀好似林竹笋，追其唔着无奈何。
番兵番将追过来，云露雾来似云盖；
番边番兵追唔着，其追唔着往后退。
割来王头过海洋，神仙老君来相帮；
腾云驾雾游过海，官兵接头使盘装。
带转王头上殿来，高辛肽见笑暧暧；
番王作乱都平服，龙麒公主结头对。
官兵接头使盘装，奉上殿里去见王；
皇帝肽见心欢喜，愿招龙麒做婿郎。
文武奏上皇帝知，皇帝殿里发言辞；
三个公主由你拣，随便哪个中你意。
头是龙盂身是人，好度皇帝女结亲；

第三公主心唔愿,龙麒就讲去变身。
金钟内里去变身,断定七日变成人;
皇后六日开来肷,龙麒钟里变成人。
龙麒平番是惊人,公主自愿来结亲;
皇帝圣旨封下落,龙麒是个开基人。
龙麒平番立大功,招为驸马第三宫;
封其忠勇大王位,王府造落在广东。
王府坐落在广东,忠勇平番显威风;
亲养三男一个女,带上殿里去罗封。
亲养三子生端正,皇帝殿里去罗姓;
大子盘装姓盘字,二子篮装赐姓蓝。
第三细崽正一岁,皇帝殿里罗名来;
雷公云头响得好,笔头落纸便姓雷。
忠勇受封在朝中,亲养三子女一宫;
招得军丁为驸马,女婿本来是姓钟。
三男一女封端正,好侬皇帝管百姓;
掌在广东潮州府,留传后代去标名。
皇帝圣旨话难收,敕封龙麒掌潮州;
皇帝若末你未末,你侬日月一同休。
龙麒自愿广东去,皇帝圣旨讲分你;
六个大仓由你拣,随便哪仓中你意。
六个大仓共一行,金银财宝朗毫光;
六个大仓都一样,开着一个是铁仓。
六仓都是金锁匙,皇帝圣旨交付你;
金银财宝使唔着,开来一仓是铁器。
问其纱帽爱唔爱,锁匙交其自去开;

纱帽两耳其唔得，自愿拣顶尖尖来。
龙麒自愿官唔爱，京城唔掌广东来；
自愿唔爱好田地，山场林上自来开。
龙麒自愿去作山，去侬皇帝分江山；
自耕林土无粮纳，做得何食是清闲。
龙麒起身去广东，文武朝官都来送；
凤凰山上去落业，山场地土由其种。
凤凰山上去开基，作山打铳都由其；
山林树木由其管，旺出子孙成大批。
龙麒自愿官唔爱，一心间山学法来；
学得真法来传祖，头上又何花冠戴。
当初天下妖怪多，间山学法转来做；
救得王民个个好，行罡作法斩妖魔。
间山学法法言真，行罡作法斩妖精；
十二六曹来教度，神仙老君救凡人。
香烧炉内烟浓浓，老君台上请仙宫；
奉请师爷来教度，灵感法门传子孙。
灵感法门传子孙，文牒奉请六曹官；
女人来做西王母，男人来做东皇宫。
盘蓝雷钟学师郎，收师捉鬼法来强；
手把千斤天罗网，凶神恶煞走茫茫。
凤凰山上鸟兽多，若好食肉自去罗；
手擎弓箭上山射，老虎山猪麂鹿何。
凤凰山上是清闲，日日擎弩去上山；
乃因岩中捉羊崽，龙麒斗死在岩前。
龙麒身死在岩前，寻了三日都唔见；

身死挂在树桠上，老鸦来叭正寻见。
崎岩石壁青苔苔，山林百鸟尽飞来；
吹角鸣锣来引路，天地灵感放落来。
龙麒落棺未安葬，功德日夜做得忙；
间山法主来安位，又请三清师爷官。
河南祖师安两边，超度功德做你先；
天神下降来超度，超度龙麒上西天。
凤凰山上去安葬，孝男孝女尽成行；
文武百官送上路，金榜题名占地场。
金榜题名实是真，文武百官送起身；
铁链吊棺未落土，缴去棺汗无官萌。
龙麒坟安龙口门，一年到暗水纷纷；
又何真龙结真穴，荫出千万好子孙。
凤凰山上安祖坟，荫出盘蓝雷子孙；
山上人多难做食，分掌潮州各乡村。
当初掌在凤凰山，做得何食是清闲；
离田三丈无粮纳，离木三丈便种山。
凤凰山上一朵云，无年无月水纷纷；
山高水冷难做食，也无谷米粜何银。
今下唔比当初时，受尽阜老几多气；
朝中无亲难讲话，处处阜老欺侮你。
一想原先高辛皇，四门挂榜招贤郎；
无人收得番王倒，就是龙麒收番王。
二想山哈盘蓝雷，京城唔掌出朝来；
清闲唔管诸闲事，自种林土山无税。
三想陷浮四姓亲，都是南京一路人；

当初唔在京城掌，走出山头受苦辛。
收倒番王何主意，京城唔掌走出去；
唔肯侬皇分田地，子孙无业乃怨你。
山场来侬阜老争，山无粮纳争唔赢；
朝里无亲话难讲，全身是金使唔成。
当初皇帝话言真，盘蓝雷钟好结亲；
千万男女莫作贱，莫嫁阜老做妻人。
当初皇帝话言真，吩咐盘蓝四姓亲；
女大莫去嫁阜老，阜老翻面便无情。
皇帝圣旨吩咐其，养女莫嫁阜老去；
几多阜老无情义，银两对重莫嫁其。
皇帝圣旨话言是，受尽阜老几多气；
养女若去嫁阜老，好似细细未养其。
当初出朝在广东，盘蓝雷钟共祖宗；
养女若去嫁阜老，就是除祖灭太公。
广东掌了几多年，尽作山场无分田；
山高土瘦难做食，走落别处去作田。
走落福建去作田，亦何田地亦何山；
作田作土是辛苦，作田亦要靠天年。
福建田土也是高，田土何壮也何瘦；
几人命好做何食，几人命歹做也无。
兴化古田好田场，盘蓝雷钟掌西乡；
阜老欺侮难做食，走落罗源侬连江。
福州大府管连江，连江罗源好田庄；
盘蓝雷钟四散掌，亦未掌着好田场。
掌在福建去开基，山哈四姓莫相欺；

你女若大我来度，我女若大你度去。
古田是古田，古田人女似花千；
罗源人子过来定，年冬领酒担猪屵。
罗源是罗源，罗源人女似花旦；
连江人子过来定，年冬领酒过来扮。
连江是连江，连江人女好个相；
古田人子过来定，年冬领酒担猪羊。
古田罗源侬连江，都是山哈好住场；
乃因官差难做食，思量再搬掌浙江。
福建官差欺侮多，搬掌景宁侬云和；
景宁云和浙江管，也是掌在山头多。
景宁云和来开基，官府阜老也相欺；
又搬泰顺平阳掌，丽水宣平也搬去。
蓝雷钟姓分遂昌，松阳也是好田场；
龙游兰溪都何掌，大细男女都安康。
盘蓝雷钟一宗亲，都是广东一路人；
今下分出各县掌，何事照顾莫退身。
盘蓝雷钟在广东，出朝原来共祖宗；
今下分出各县掌，话语讲来都相同。
盘蓝雷钟一路人，莫来相争欺祖亲；
出朝祖歌唱过了，子孙万代记在心。
盘蓝雷钟一路郎，亲热和气何思量；
高辛皇歌传世宝，万古留传子孙唱。

（浙江省民族事务委员会编写，1992 年 4 月由中国广播电视出版社出版发行）

## 二、《高皇歌》
### （雷楠、陈焕钧收集整理版）

笔头落纸字算真，且说高皇的出身，
当初娘娘耳朵起，先是变龙后变人。
高辛娘娘耳里疼，觅见无有好郎中，
百般草药都尽医，后来变出一条虫。
虫乃变出用盘装，皇帝日夜捡来养，
二十四米给它食，后来变做是龙王。
番邦造反二三春，杀尽很多好汉身，
皇帝无奈正出榜，谁人取得女招亲。
高辛皇帝发谕时，四门挂榜尽出示，
谁人取得番王头，第三闺女结为亲。
龙王听知便近前，收下各榜在身边，
直去番邦番王殿，服侍番王二三年。
服侍番王二三年，凶星为祸他不知，
龙王随王心喜欢，三餐食酒笑眯眯。
番王食酒在高楼，身披锦被银枕头，
文武百官无预防，即时咬断番王头。
咬死番王游过河，番邦贼子赶来时，
枪刀好似林中笋，不会过来无奈何。
化作龙王一时到，众官跪倒执番头，
执入番头进来看，朝中文武人人愁。
收番龙王是惊人，好讨皇帝女结亲，
第三闺女心不愿，金钟内里去变人。

239

深房里面去变身，规定七日变成人，
六日皇后就去看，乃是头未变成人。
第三闺女结成亲，五年生了三个儿，
去向皇帝讨名字，好给天下传古记。
亲生三子很端正，金銮殿上去讨名，
大子盘装赐姓盘，第二篮装就姓蓝。
第三儿子则一岁，正待皇上赐名来，
皇帝未讲雷先响，名字就赐他姓雷。
深房里面一女官，年龄十八似火红，
招个女婿结夫妇，女婿名字便姓钟。
三男一女甚端正，辅助皇室管百姓，
住落潮州名声大，流于世上永传名。
龙王情愿不用田，愿请皇帝赐给山，
高田三丈免纳租，都是皇帝子孙山。
当初龙王无想长，现在他死各忧伤，
当初山林无纳租，现在应纳交公粮。
现在不比当初时，受尽官家百姓欺，
当初乃是京城内，护幼扶老好调皮。
头是大王身是龙，好讨皇帝女三宫，
好讨皇帝第三女，生出盘蓝雷子孙。
殿里藏身二三年，龙王情愿去分山，
乃因打猎打羊仔，给伊吊死在岩边。
给伊吊死在岩边，七日七夜寻不见，
身尸挂在树尾上，求神问卜正觅见。
广东路上一穴坟，进出盘蓝雷子孙，
京城人多难觅食，迁入广东潮州村。

徙入潮州凤凰山，住了潮州已多年，
自种山田无纳税，种上三年便作山。
凤凰山头一块云，无年无月水纷纷，
高山作田无好食，在何粟米粜何银。
广东路上已多年，蓝雷三姓去作田，
好山作田无好食，赶落别处去作田。
赶落别处去作田，福建浙江又是山，
（此处应残缺二句，扩散江西安徽）
作田作山无纳粮，四处奔波靠天年，
蓝雷讲话各人知，蓝雷三姓莫相欺。
有事相计尔来讲，莫来传讲尔又欺，
蓝雷三姓好结亲，都是广东一路人。
今日三姓各处住，好事照顾莫退身，
三十条歌纸尾烂，流传世上子孙看。

《广东畲族古籍资料汇编——图腾文化及其他》中搜集所载的由雷楠、陈焕钧收集整理的《高皇歌》

# 三、高皇歌
## （遂昌大拓版）

盘古开天到如今，一重山背一重人；
一潮江水一潮鱼，一朝天子一朝臣。
说山便说山中景，说水便说水根源；
说人便说世上事，三皇五帝振乾坤。
盘古置立三皇帝，造天造地造世界；

造出黄河九曲水,造出日月转东西。
造出田地分人耕,造出大路分人行;
造出皇帝管天下,置立人名几样姓。
皇帝名字是高辛,出来扮作百姓人;
出门游行天下路,转去京都坐朝廷。
当初出朝高辛皇,出来游玩看田场;
皇后耳痛三年过,挖出金虫三寸长。
挖出金虫三寸长,便置金盘斗内养;
一日三时茫茫大,变作龙麒丈二长。
变作龙麒丈二长,又会跑来爬高楼;
皇帝看见心欢喜,身长腰粗好个相。
番邦作乱出番王,高辛皇帝心惊慌;
使差京城众兵起,众兵差去保城墙。
番邦番王要来争,众兵用心守京城;
京城众兵成千万,用心去保九重城。
当初皇帝发言时,东西门下挂榜文;
谁人捉得番王到,第三宫女许为妻。
龙麒听见便近前,收来皇榜在身边;
艺高胆大收皇榜,文武朝官带去见。
百官上殿来朝见,龙麒奉旨去番邦;
去到番邦番王殿,服侍番王二三年。
服侍番王欢乐时,三餐吃酒笑眯眯;
龙麒看见心欢喜,凶星为祸你不知。
番王酒醉笑爱爱,大朝龙麒走过来;
大朝龙麒过来后,天地翻转是由我。
番王饮酒在高楼,身盖虎皮豹枕头;

文武朝官不随后,龙麒斩断番王头。
提了王头过海河,番邦贼子赶来掳;
刀枪好似竹林笋,不得过来奈我何。
斩断王头过海洋,云雾迷来渺渺茫;
一时似箭浮过海,众官取头盘内装。
众官取头金盘装,奉上殿里去朝皇;
高辛着见心欢喜,自愿龙麒作好郎。
文武朝官奏皇知,皇帝殿里发言时;
三个宫女由你拣,随便那个中你意。
收得番王是贤人,爱同皇帝女结亲;
第三宫主心不愿,金钟内里去变身。
金钟内里去变身,断定七日变成人;
皇后六日开来看,一表人材是欢心。
龙麒平番是惊人,爱与皇帝女结亲;
皇帝圣旨话难改,开基雷蓝盘子孙。
亲生三子相端正,皇帝殿里去罗姓;
长子盘装姓盘字,二子篮装便姓蓝。
第三之子正一岁,皇帝殿里罗名来;
雷公云头响得好,笔头落纸便姓雷。
当初开基住朝中,亲生三子女一宫;
招得军丁为婿郎,女婿本来是姓钟。
三男一女相端正,同共皇帝管百姓;
住落京城名声大,流传后代去标名。
皇帝出言话难收,敕令圣旨送潮州;
皇帝奈何你不得,你与日月一同休。
龙麒自愿爱出去,皇帝圣旨吩咐你;

六个大仓由你拣,随便那个分给你。
六个大仓共一行,金银财宝映毫光;
六仓都是金银宝,命歹开着是铁仓。
六仓都是金锁匙,皇帝亲自交给你;
命歹金银开不着,开着一仓是铁器。
皇帝问你爱帽戴,锁匙交你自去开;
纱帽两耳你不愿,自愿一个笠头戴。
龙麒自愿去种田,去与皇帝分半山;
自种山地无税纳,不纳租税几多年。
文武朝官都来送,送落凤凰大山宫;
皇帝圣旨吩咐过,山场地土由你种。
皇帝圣旨话是真,蓝雷三姓好结亲;
你女养大我来讲,我女养大嫁给你。
雷蓝三姓好结亲,都是潮州一路人;
不是同姓配成双,女大不嫁外族人。
凤凰山上鸟兽多,若爱食肉上山猎;
开弓放箭来射死,老熊野猪鹿更多。
凤凰山头是清闲,日日拿弓去上山;
奈因岩上捉羊仔,山羊斗死在岩背。
龙麒跌死在岩前,寻上三日都不见;
死体挂在树叉上,乌鸦叫起才肽见。
高岩石壁青苔苔,龙麒跌死挂石背;
吹角鸣锣来引路,龙麒尸体落下来。
广东路上去安葬,凤凰山上选坟场;
文武朝官都来送,孝男孝女都成行。
凤凰山上是祖坟,荫出蓝雷盘子孙;

京城人多难得食，住落潮州凤凰村。
送落潮州凤凰山，住了潮州几多年；
自种山坪毛税纳，种了三年便作山。
凤凰山头一块云，毛年毛月雨纷纷；
山高土瘦种毛食，也毛谷米也毛银。
今来不比当初时，受尽财主几多气；
山田开出被霸占，只好漂流去别处。
一想原先高辛皇，四门挂榜招贤郎；
谁人能取番王头，我祖龙麒斩番王。
二想三姓盘蓝雷，京城不住走出来；
走落高山去开荒，自种山坪亦无税。
三想蓝雷三姓亲，原是京城一路人；
痴情不识京城住，走落山头受苦辛。
收服番王是好计，京城不住走出去；
祖宗不识爱田地，子孙毛业奈怨你。
山场都给财主争，因未纳税争不赢；
朝内毛人话难讲，虽有榜文讲不响。
广东住了几多年，蓝雷三姓难活命；
山高无食受尽苦，扶老携幼去别省。
走落别处去种山，山作亦是靠天年；
芭萝稻谷黄熟时，山禽野兽来遭殃。
走落福建过漳州，大陈山上住几秋；
华安莆田到福州，连江罗源住长久。
福州大府管连江，古田罗源好田场；
蓝雷三姓分开住，个个住在山边上。
住落福建来开基，蓝雷三姓莫相欺；

有话莫去通别人，团结互助要和气。
蓝雷三姓要牢记，山歌流传莫丢失；
歌是元山古人礼，不懂歌言是狗猪。
连江连江好连江，连江人女似花香；
罗源人子过来定，明年担酒扛猪羊。
古田人女似花千，连江人子过来定；
赤郎担酒火炮响，新娘赶紧去打扮。
罗源住了搬福安，霞浦福鼎住多年；
思量再搬住浙江，平阳泰顺与文成。
三姓子孙人来多，分居景宁与云和；
云和田土又瘦薄，日日担柴上街坐。
丽水碧湖好田场，正德年间到遂昌；
大拓培坞住多年，子孙分居到各乡。
龙麒开基几千年，子孙繁衍到各省；
源流根基应知晓，编出歌言子孙听。

来源《山哈遗韵》

（丽水市文化广电新闻出版局编，浙江古籍出版社，2011 年 6 月第一版）

## 四、祖宗歌（麟豹王歌）

笔头落纸字来真，祖宗麒王来出身，
当初皇后耳内起，变个龙麒番邦去。
皇后刘氏耳内痛，请尽郎中来医治，
百般草药都食尽，后来还是变龙麒。

龙麒出世金盘装，皇帝日夜亲手养，
二十四味分他食，后来做了龙麒王。
番邦造反二三春，请尽无数好武功，
皇帝朝内都贴尽，无人敢去扯榜文。
高辛皇帝那一时，四个城门人都知，
谁人敢去番王殿，第三公主结为亲。
龙麒听讲就近前，扯落榜文皇帝仰，①
回转就去番王片，②服侍番王二三年。
服侍番王三年来，番王三餐酒醉醉，
日夜都住番王殿，番王吃酒居就来。③
服侍番王三年时，心急如火人不知，
龙麒随王王欢喜，三顿吃酒笑眯眯。
番王吃酒在高楼，身盖金被银枕头，
文武百官怀知晓，④龙麒咬断番王头。
王头咬断游过河，番边贼仔赶来啰，⑤
枪刀林林麻竹笋，无赖过海无奈河。
海水茫茫白飘漂，蛟龙又变一条桥，
桥上三千七里远，天时助我一时透。⑥
天时助我一时透，当官接入番王头，
王头接入就进府，文武百官都行透。

---

① 仰：即看，瞧，视。
② 片：那边。
③ 居：即他。
④ 怀：不懂、不知、不的意思。
⑤ 来啰：即来要，讨回。
⑥ 透：到，来临的意思。

文武百官都凑齐，四个城门人都知，
咬断王头游过海，祖公龙麒本事人。
祖公龙麒真圣人，爱的皇帝女为亲，
第三公主心未愿，又叫龙麒去变身。
金钟内里去变身，约定七日变成人，
皇后六日就去眿，①害得头面未成人。
头是龙头身是人，好计皇帝第三宫，②
就向皇帝择日子，洞房花烛结成亲。
高辛皇帝女为妻，九年就养三个街，③
去向皇帝讨姓名，讨个名姓留古今。
养下三仔生端正，皇帝殿前去讨姓，
大仔盘装姓盘字，第二篮装就姓蓝。
第三尾仔正一岁，皇帝殿前讨名来，
皇帝未写雷公响，雷公那响就姓雷。
男丁三个女一宫，女宫十八未做亲，
招个女婿为驸马，女婿名叫钟智深。
三男一女是为正，都助皇帝管百姓，
六国为人名声大，留传后代好名声。
今来怀是比当初，受尽平民阜老欺，④
当初都是京城内，吃粮财主纳来支。
麒王情愿怀要田，愿求皇帝去上山，

---

① 眿眼：即看。
② 第三宫：即三公主。
③ 街：孩子，子，男孩。
④ 阜老：汉族老财，即地主。

离田三丈没租纳,都是盘蓝子孙山。
当初麒王思量差,皇帝封官你怀做,
皇帝送官你怀要,后来子孙无奈何。
今来子孙个个穷,又骂麒王是野龙,
送官你做你怀做,又送田土你怀种。
龙麒情愿怀做田,只想日日去上山,
那因上山打鹿仔,给鹿撞死在石岩。
给鹿撞死在岩前,九日九夜未眹见,
身首又在树尾上,求神拜佛正眹见。
给鹿撞死石岩顶,男女大器都来寻,
都来寻着哭哀哀,就请师傅做功裁。①
功裁使漆扬扬光,几多官员都来随,
御车驶入南京路,南京路上是祖坟。
南京路上是坟林,左右龙虎漆丈青,
丈七坟牌挂坟上,进出几多好圣人。
送入潮州凤凰山,不要纳粮快乐仙,
自种自收是快乐,天下子孙真清闲。
凤凰山上一派山,左右龙虎是官山,
四周四转三千里,是我蓝雷子孙山。
大仔姓盘盘自能,又龚皇帝双手牵,
皇帝封我官又大,皇帝同吃又同眠。
第二光辉是姓蓝,帮助皇帝管百姓,
天下各处人都晓,朝中选出第一名。
第三尾仔雷巨祐,果然生好是风流,

---

①　功裁:即棺材。

朝中做官功劳大，皇帝送你入潮州。

自能正妻名奇珍，皇帝朝中来招亲，
也是东夷正宫女，恩赐配你结为亲。

光辉之妻叫奇珪，东夷人女来为妻，
亦是姻缘天注定，龚郎八字结夫妻。

巨祐之妻中奇珠，亦是皇帝朝中订，
就择黄道好日子，洞房花烛结成双。

麒王养女叫龙郎，龙郎十八未成婚，
招个女婿为驸马，洞房花烛转回乡。

姓钟智深是贤人，朝中做官尽威灵，
驸马大人也中意，招来龚女结成亲。

安尉出世长男孙，麒王欢喜做阿公，
自能添得白花仔，皇帝江山龚你分。

惠章出世是异相，光辉怀敢近前相，
皇帝听讲就来眹，日后亦是大官员。

孟初出世是异音，巨爹怀敢近前仰，
皇帝亲身就来眹，天上星宿落凡身。

自能养仔叫安尉，文武百官过来随，
皇帝钦赐不限制，掌管百姓尽威灵。

光辉长仔叫惠章，皇帝日夜抱来相，
皇帝称你是好仔，长大也是状元郎。

巨祐养仔叫孟初，皇帝朝中学功夫，
学得高强武艺好，朝中选出尽本事。

孟初在朝尽忠诚，皇帝许给正功名，
你是巨祐长男子，天下推出本事人。

四十九条纸来传，留传后代子孙量，

皇帝赐官你怀做，今晡子孙讨食难。

五十条纸传来记，留传后代子孙记，

平原田土你怀的①，后来子孙就骂你。

五十一条做田园，高辛皇帝好心肠，

是我祖宗怀思后，后来子孙被你骗。

五十二条再来传，当初皇帝好心肠，

是你子孙没资本，难怪朝中没状元。

五十三条传世界，埋怨祖公大不该，

是我子孙没能力，难怪天下没有基②。

五十四条爱周全，原先祖公龙麒王，

祖公功劳真伟大，唱出天下子孙传。

来源《福州市畲族志》（海潮摄影艺术出版社，2004 年
12 月第一版）

## 五、帝喾高辛帝敕赐盘瓠王开山公据卷牒
### （罗源县霍口湖头村所存）

朕治天下，缘燕国作乱，侵连地界，杀害生灵，人民遭殃。于是敕榜颁行，天下晓谕，凡有英雄壮士，有能征燕国，降服宁静者，其国共治，将三公主招为驸马，爵封王侯之位。忽然正宫刘皇后耳生一疾肿痛，宣太医调治。太医取出一虫茧，毫光灿烂，廷臣上奏，取瓠叶盖上，金盆供养数日，濒

---

①　怀的：即不要。

②　没有基：即我的地位，我的一份权利。

后化作一龙，身长一丈二尺，一百二十斑点青黄，银牙似剑，虎珠龙鳞，封盘瓠为御前镇国大将军，宣谕众卿，会议勇将，征讨番贼，众臣不敢声言举奏，惟盘瓠折一榜殿前伏命，愿去亲收番贼，以报其国，高皇大喜，众臣俯金阶之下，其龙辞朝过海，直至番王燕王殿下朝参，王见龙喜甚收养。陡尔番营失火，遂变龙行雨，复为亲兵，不离王之左右，番王大喜，集将士欢宴，番王不觉沉醉，故燕王其首级被盘瓠咬断，速飞过海，变一沙龙，番将即刻召兵追赶，霎时之间，云雾一起，飞沙走石，不知去处，番兵尽行上沙，沉没一空。复归本国，文武百官见盘瓠口啣燕王首级奏上高皇殿前，龙颜大悦，有此浩荡功勋，万民安静，金诏银宝，宣盘龙上殿，敕赐密间沐浴室，限七日七夜变成人身，上朝受封，招为驸马，果化相人，身威雄壮，上朝谢恩，龙颜欢悦，封卿为盘瓠王，赐蟒袍玉带，金花一对，御酒三杯，赐第三公主配卿成亲，笙歌乐舞，同享山河，承沐皇恩二十八载，养三男一女，未列名姓，未曾婚配，女子未婚配招赘于人，修奉谢恩义表，乞赐名姓婚姻，随带三子上朝，历朝上奏。朕观三子颜容端正，才貌过人，钦赐长子姓盘名自能，吏部尚书张敬春之女成亲，封武骑侯；赐卿次子姓蓝名光辉，户部尚书廖尚惠之女成亲，封护国侯；赐卿三子姓雷名宗臣，又名巨佑，刑部侍郎葛尚辉之女成亲，封立国侯；赐卿女头戴真珠金髻，身穿山河地理裙，招赘钟给子之子钟志深为夫，封敌国侯，以为驸马。敕赐御书卷牒一道，金印四颗，金牌四面，在朝袭职。盘瓠王一见刑政惨切，上朝面圣，愿带子孙归山，自耕自种，另创徭户，婚配枝叶，与民不结婚姻，以为后子孙无限之乐，功垂不朽。户部侍郎张令崇，端明殿大学士彭先照等文武会议王侯都府宫殿,臣等观广东会稽山七贤洞可以立都府,臣等冒昧上奏。皇帝纳其表章。敕差礼部尚书薛馀、刑部尚书崔梦龙、兵部尚书冯启应,左殿承信郎张世德,正殿护国将军韦,左殿朝奉郎王等,人民王服三百余人,馈送盘瓠王金印、御书、卷牒往广东会稽山七贤洞,自为一图,仍给文广东之县钱粮,架立宫殿都府,以后子孙兴旺,散居创业,仍赠长刀、木弩、铁炮随身。各省府州县,逢山开山,遇田耕田,永无差徭。民田一丈三尺之外徭户耕种,自膳妻儿如坟茔与军民人等山同降者,毋得恃强侵欺,以及水陆把隘关津城廊墩堡,经过者不许习难阻挡勒索财帛,任许执此公据,赴官沥陈,依法施行,颁至卷牒者,右付与盘瓠王宗派子孙,世代流传,毋令遗失,如有损坏,所属州府县,重新勒碑修录,不得失其卷牒,永为国柱存照。

（来源《福州市畲族志》,海潮摄影艺术出版社,2004 年12 月第一版）

## 六、忠勇王开山公据卷牒
### （罗源县起步廷洋坂村保存）

高辛皇帝四十五年五月初五日,后宫大耳刘皇后夜梦天降娄金狗下界托生,醒后耳内疼痛,旨召名医,医出一虫,希奇美秀,以玉盘托养,以瓠叶为盖。一日长一日新,长有丈二,取名盘瓠,变成麒狗身。纹锦绣头,有二十四斑黄点。后奉麒狗献上,帝王龙颜大悦。朕御位数十余年,风调雨顺,国泰民安,今有西番夷将瞿余反叛,行使妖术,半天排阵，水里藏兵，无人敢挡。朕昨出榜，招募天下勇士，退敌西番，降伏平靖，赐第三公主，招为驸马。朝中文武百官，无人承旨。麒狗忽然啣榜，俯伏金阶，愿去退敌。众臣共庆三呼，天生尔灵，既能成功，不负朕意。

麒狗长吠三声，飘洋过海，七日七夜，直至番地。番王见狗过海而投，收养帐岛，会集各宜酋长，欢乐畅饮。余饮番王，瞿余大醉沉睡，被麒狗咬断头颅，啣回中国，献于辛帝。狗化人言，乞赐公主为配。帝召宫女假扮公主赐麒狗。狗不奉旨，竟入内宫，口啣三公主裙襟，身伏公主，变化成人，帝只好封其为盘瓠王，招为驸马，下旨成亲。

盘瓠王心爱幽僻，不喜繁华，奏帝赐准为农，敕臣会稽山，自耕自种，免纳地丁赋税，无役无徭，该爵知道，钦此钦遵，赐盘瓠王除番有功，天下所有民田三丈之外，听卿开荒自种。敕朝中文武百官钱关：驸马为农，所过之地，所有司宜供应支给。召下会稽地方官吏，起盖驸马王府，赐九曲凉伞，髤黻黄钺军器等项，御前军一个护卫驸马王府，所在地方府州县皆给俸支粮。

帝赐驸马长男姓盘名自能，授立国侯；二男姓蓝名光辉，授护国侯；三男姓雷名巨佑，授武骑侯；女婿姓钟名志深，驸马女名贤能。并将西夷王宁馨所献三女分别赐配，长奇琛赐长男（自能），次奇娃赐次男（光辉），三奇珍赐三男（巨佑），以继宗祧，螽斯衍庆，世代相传至今。

（来源：《福州市畲族志》，海潮摄影艺术出版社，2004年12月第一版）

# 主要参考文献

[1] 毛宗武,蒙朝吉.畲语简志[M].北京:中央民族出版社,1984.

[2] 道藏.文物出版社,上海书店,天津古籍出版社,1988.

[3] 施联朱.畲族风俗志[M].北京:中央民族学院出版社,1989.

[4] 武义柳城镇志编委会.武义柳城镇志[M].杭州:浙江人民出版社,1990.

[5] 何星亮.中国图腾文化[M].北京:中国社会科学出版社,1992.

[6] 浙江省民族事务委员会编写.畲族高皇歌[M].北京:中国广播电视出版社,1992.

[7] 丽水地区畲族志[M].雷弯山.北京:电子工业出版社,1992.

[8] 浙江卷编辑委员会编纂.中国民间歌曲集成·浙江卷[M].北京:人民音乐出版社,1993.

[9] 俞郁田.霞浦县畲族志[M].福州:福建人民出版社,1993.

[10] 黄集良主编.上杭畲族志[M].厦门:厦门大学出版社,1994.

[11] 蓝炯熹.福安畲族志[M].福州:福建教育出版社,1995.

[12] 施联朱,雷文先.畲族历史与文化[M].北京:中央民族大学出版社,1995.

[13] 肖孝. 闽东畲族歌谣集成[M]. 福州：海峡文艺出版社,1995.

[14] 陈寅恪. 唐代政治史述论稿[M]. 上海古籍出版社,1997.

[15] 浙江省少数民族志编纂委员会. 浙江省少数民族志[M]. 北京：方志出版社,1999.

[16] 王维堤. 龙凤文化[M]. 上海：上海古籍出版社,2000.

[17] 蓝运全,缪品枚. 闽东畲族志[M]. 北京：民族出版社,2000.

[18] 广东省地方史志编纂委员会. 广东省志·少数民族志[M]. 广州：广东人民出版社,2000.

[19] 雷国强. 畲风越韵[M]. 北京：炎黄文化出版社,2002.

[20] 蓝炯熹. 畲民家族文化[M]. 福州：福建人民出版社,2002.

[21] 谢重光. 畲族与客家福佬关系史略[M]. 福州：福建人民出版社,2002.

[22] 游文良. 畲族语言[M]. 福州：福建人民出版社出版.2002.

[23] 吴永章. 畲族与瑶族比较研究[M]. 福州：福建人民出版社,2002.

[24] 蓝雪霏. 畲族音乐文化[M]. 福州：福建人民出版社,2002.

[25] 施联珠. 施联朱民族研究文集[M]. 民族出版社,2003.

[26] 福州市地方志编纂委员会会. 福州市畲族志[M]. 福州：海潮摄影艺术出版社,2004.

[27] 闻一多. 神话与诗[M]. 上海：上海人民出版社,2005.

[28] 游文良,雷楠,蓝瑞汤. 凤凰山畲语[M]. 长春：吉林人民出版社,2005.

[29] 邱国珍,姚周辉,赖施虬. 畲族民间文化[M]. 北京：商务印书馆,2006.

［30］袁珂.中国古代神话［M］.北京:华夏出版社,2006.

［31］雷楠,陈焕钧.凤凰山畲族文化［M］.深圳:海天出版社,2006.

［32］凤凰山畲族招兵节的文化内涵［M］.雷楠.广东民族研究论丛(第十三辑).北京:民族出版社,2007.

［33］郭志超.畲族文化述论［M］.北京:中国社会科学出版社,2009.

［34］钟雷兴主编.闽东畲族文化全书·歌言卷［M］.北京:民族出版社,2009.

［35］石中坚,雷楠.畲族祖地文化新探［M］.宁夏:甘肃民族出版社,2010.

［36］邱国珍.浙江畲族史［M］.杭州:杭州出版社,2010.

［37］丽水市文化广电新闻出版局编.山哈遗韵［M］.杭州:浙江古籍出版社,2011.

［38］朱洪,李筱文.广东畲族《祖图》初探［J］.中央民族学院学报,1989(5).

［39］姜永兴.畲族图腾祭祀盛典——"招兵"［J］.广西民族研究,1990(1).

［40］陈训先.论粤东畲族的族源及其图腾崇拜［J］.汕头大学学报,1990(1).

［41］黄向春.畲族的凤凰崇拜及其渊源［J］.广西民族研究,1996(4).

［42］李健民.畲族民俗信仰的道教色彩［J］.中南民族学院报(哲学社会科学版),1996(5).

［43］郭志超.客家猎神的发现与寻根［J］.民俗研究,2000(3).

[44] 周德义. 论"一分为三"与辩证唯物主义基本规律的关系[J]. 湖南大学学报,2001(4).

[45] 徐祖祥. 三苗,荆蛮与瑶族来源问题[J]. 贵州民族研究,2001(1).

[46] 谢重光. 武陵蛮迁入粤,闽之史迹[J]. 东南学术,2001(3).

[47] 周德义. 论形而上之数与形而下之数包涵的一分为三思想[J]. 云梦学刊,2002(3).

[48] 肖承光,刘永勤. 客家服色中的蓝色情结[J]. 赣南师范学院学报,2003(2).

[49] 巨积兰. 数字"三"的语言文化比较[J]. 大连民族学院学报,2003(3).

[50] 畲族"盘瓠"形象的民俗学解读[J]. 广西民族学院学报(哲学社会科学版),2003(6).

[51] 施惟达. 现代化语境中的民族文化[J]. 云南社会科学,2003(3).

[52] 丁培仁. 道与神[J]. 宗教学研究,2004(1).

[53] 屈文军. 元代的畲族[J]. 暨南学报(人文科学与社会科学版),2004(1).

[54] 邱宜文. 时空之钥——《山海经》的神秘数字探析[J]. 东南大学学报(哲学社会科学版),2004(1).

[55] 郭义江. 浙江畲族民歌刍议[J]. 宁波大学学报(教育科学版),2004(2).

[56] 谢重光. 客家与畲族早期关系史述略[J]. 福建论坛(人文社会科学版),2004(3).

[57] 罗先德. 试探"三"的文化内涵[J]. 钦州师范高等专科

学校学报,2004(3).

[58] 刘冬.畲族槃瓠神话的文本辨识和艺术化过程分析[J].福建省社会主义学院学报,2004(4).

[59] 王文光,翟国强.读《后汉书·南蛮西南夷列传》札记[J].广西民族研究,2004(4).

[60] 明跃玲.神话传说与族群认同——以五溪地区苗族盘瓠信仰为例[J].广西民族学院学报(哲学社会科学版),2005(3).

[61] 谢重光.明代畲,客,福佬在闽西南的接触及客家势力的发展[J].漳州师范学院学报(哲学社会科学版),2005(4).

[62] 张慧琴,吴东海.畲族图腾崇拜初探[J].南方文物,2005(4).

[63] 季爱娟.畲族民间文学中的女性文化探析[J].贵州民族研究,2005(5).

[64] 蓝爱君.浅谈畲族民歌的内容[J].丽水学院学报,2005(6).

[65] 刘大可.客家与畲族关系再认识——闽西武平县村落的田野调查研究[J].中共福建省委党校学报,2005(12).

[66] 周典恩.清代畲汉文化冲突述议[J].贵州民族研究,2006(1).

[67] 王逍.文化透镜下的畲族历史[J].贵州民族研究,2006(3).

[68] 郑健.浑然质朴天人合——畲族服饰纹样探索[J].美术大观,2006(3).

[69] 谢重光.宋代畲族史的几个关键问题——刘克庄《漳州谕畲》新解[J].福建师范大学学报(哲学社会科学版),2006(4).

[70] 董建辉.畲,客"郎名"探源——兼与李默先生商榷[J].中南民族大学学报(人文社会科学版),2006(5).

[71] 蓝斌.畲族族内婚原因分析[J].兰台世界,2006(6).

[72] 田青刚.论炎黄时代华夏族与东夷,苗蛮之融合[J].贵州民族研究,2006(6).

[73] 王逍.文化自觉与畲族经济转型[J].贵州民族研究,2007(1).

[74] 吴宾.畲族服饰的特点及其艺术内涵浅[J].文山师范高等专科学校学报,2007(4).

[75] 肖永凤.浅谈"五"体现的中国古代文化思想[J].六盘水师范高等专科学校学报,2007(4).

[76] 畲族巫术文化中的陈靖姑信仰——以福州,宁德畲族乡村为例[J].世界宗教研究,2007(4).

[77] 蓝达居.畲汉心态秩序初论[J].西北第二民族学院学报(哲学社会科学版),2007(5).

[78] 林更生.畲族的送终,祭祀茶文化习俗[J].农业考古,2007(5).

[79] 陈琳.畲族舞蹈的传承与发展[J].丽水学院学报,2007(6).

[80] 林伦伦,洪英.潮安畲语中的潮汕方言借词[J].云南师范大学学报(哲学社会科学版),2007(6).

[81] 吴微微,陈良雨.浙江畲族近代女子盛装文化探析[J].纺织学报,2007(9).

[82] 吴微微,骆晟华.浙江畲族凤冠凤纹及其凤凰文化探讨[J].浙江理工大学学报,2008(1).

[83] 蓝雪霏.畲族仪式音乐与盘瑶仪式音乐文化之比较[J].中国音乐学,2008(1).

[84] 罗俊毅.浙江丽水畲族山歌的调式分布特点及内在联系[J].中国音乐,2008(2).

[85] 温春香."他者"的消失:文化表述中的畲汉融合[J].贵州民族研究,2008(4).

[86] 李文睿.杂散居少数民族的村落经济——以福建罗源八井畲族村为例[J].云南民族大学学报(哲学社会科学版),2008(4).

[87] 薛祖辉,曾智.《高皇歌》:双重表述下的畲族族群文化[J].四川教育学院学报,2008(4).

[88] 赵则玲.畲族语言研究八十年[J].浙江学刊,2008(5).

[89] 黄新宪.陈靖姑信仰的源流及在闽台的发展[J].福州大学学报(哲学社会科学版),2008(6).

[90] 温春香.明清之际畲族民风的改变——以地方志为中心的考察[J].中国地方志,2008(11).

[91] 蓝雪华.畲族服饰青,蓝色的文化内涵[J].丽水学院学报,2009(1).

[92] 齐效斌."成于三"的思维定势与司马迁思想的结构特征[J].唐都学刊,2009(2).

[93] 谢丁宁.畲族起源传说与史实的探讨[J].福建省社会主义学院学报,2009(3).

[94] 蓝炯熹.清代福建畲族山区的社会治理[J].宁德师专学报(哲学社会科学版),2009(3).

[95] 方清云.论畲族的民族特性及形成原因——以江西省贵溪市樟坪畲族乡为例[J].中南民族大学学报(人文社会科学版),2009(3).

[96] 石中坚,雷楠.畲族长篇叙事歌谣《高皇歌》的历史文化价值[J].广东技术师范学院学报,2009(4).

[97] 刘淑欣.试论畲族的民族性格[J].中南民族大学学报(人文社会科学版),2009(6).

[98] 肖芒,郑小军.畲族"凤凰装"的非物质文化遗产保护价值[J].中南民族大学学报(人文社会科学版),2010(1).

[99] 吴春明,王樱."南蛮蛇种"文化史[J].南方文物,2010(2).

[100] 张春兰,祁开龙.畲族史诗《高皇歌》所反映的畲族社会教育情况[J].宁德师专学报(哲学社会科学版),2010(3).

[101] 朱晓云.浙西南畲族婚丧仪式中的山歌表现方式及其功能初探[J].丽水学院学报,2010(6).

[102] 陈敬玉.景宁畲族服饰的现状与保护[J].浙江理工大学学报,2011(1).

[103] 吴素萍.女性主义视野下的畲族民间文学[J].鸡西大学学报,2011(3).

[104] 谢爱国.畲歌在历史上的功能[J].宁德师专学报(哲学社会科学版),2011(3).

[105] 黄锦树.源出少昊帝来自君子国——畲族族源考[J].韩山师范学院学报,2011(4).

[106] 石中坚,黄韧.粤东畲族招兵节研究——兼论南岭走

廊民族文化互动特征[J].北方民族大学学报(哲学社会科学版),2011(5).

[107] 陈烁,陶思羽.汉语数词"四","七"的历史流变及其文化底蕴探微[J].甘肃高师学报,2011(5).

[108] 张振岳,俞敏,崔荣荣.汉,畲族传统服饰凤纹比较研究[J].前沿,2011(18).

[109] 闫晶,范雪荣,陈良雨.文化变迁视野下的畲族古代服饰演变动因[J].纺织学报,2012(1).

[110] 吕立汉,蓝岚,孟令法.浙江畲族民间文献资料价值初探[J].浙江社会科学,2012(4).

[111] 王天鹏,江细久.客家地区二次葬习俗探析[J].中国地方志,2012(6).

[112] 吴素萍.浙西南地区畲族传统文化的发展现状及对策[J].丽水学院学报,2012(6).

[113] 余厚洪.文献视域中的处州畲汉两族女神崇拜探究[J].丽水学院学报,2012(6).

[114] 孟令法.浅析陈十四信仰的畲族民族化[J].丽水学院学报,2012(6).

[115] 邱国珍.畲族女神信仰初探——以闽浙地区为考察中心[J].丽水学院学报,2012(6).

[116] 段凌平.试论闽南畲族民间信仰[J].武夷学院学报,2012(6).

[117] 石中坚.文化功能视野下的畲族祖地民间信仰[J].前沿,2012(16).

[118] 陈圣刚.关于畲族社会传统伦理道德的文化解读.黑龙江民族丛刊,2013(1).

[119] 罗美珍.关于畲族所说语言的定性和命名问题的思考[J].龙岩学院学报,2013 (1).

[120] 黄建兴."法号","郎号"与民间道坛"传度奏职"仪式探讨[J].世界宗教研究,2013(3).

# 后　记

　　《高皇歌》作为畲族的民族史诗,其中蕴含着丰富的文化内涵。本书以《高皇歌》为支点,通过对畲族文化的起源、畲人的信仰符号、畲民的社会和日常生活以及其文化的传承等几个方面进行研究,试图对畲族文化进行全方位的解读。但是当我翻阅古籍资料,想深入了解畲族文化时,才发现任何一种文化的产生都不是孤立的,而是多元文化融合的产物。

　　如果我们将中华文化比作一朵花,那么畲族文化就是这朵花上的一片花瓣,它是中华民族物质与非物质文化遗产的重要组成部分。我们研究畲族文化虽然只是撷取了花的一“瓣”,但如果我们想要追根溯源的话,就不能不对“花”的整体进行观照。畲族文化植根于中华传统文化之中,我们要想对其进行深入研究,就要将它放到大中华文化圈中去研究。所以,我们需要用一种宏观的视野去看待民族文化,而不是只局限于一隅,遗憾的是由于本人能力有限,书中涉及的每一个方面,我都只能浅尝辄止,留下的唯有对博大精深的中华文化的无限感叹。

　　由于时间仓促,书中难免出现一些疏漏,不足之处,敬请谅解。本书为浙江省社会科学规划课题成果、浙江省哲学社会科学重点研究基地(浙江省传播与文化产业研究中心)课题成果(编号 14JDCB02YB),感谢浙江省传播与文化产业研究中心对本课题的立项和支助,感谢浙江省非物质文化遗产研究基地(浙江传媒学院)的大力支持,感谢蓝彩珠女士在本书写作中给予的关心,感谢莫雨尧同学参与了本项目的资料收集和整理工作,同时感谢浙江工商大学出版社罗丁瑞先生对本书出版的帮助。

张　恒

二○一四年于杭州